U0512748

Albert O. Hirschman

The Passions and the Interests

Political Arguments for
Capitalism before Its Triumph

欲望与利益

[美] 艾伯特·O. 赫希曼 著　　　冯克利 译

格致出版社　上海人&出版社

寓意画第 27 幅："抑制欲望！"
彼得·伊赛尔伯格:《政治寓意画集》(Peter
Iselburg, *Emblemata Politica*，1617)

Et il est heureux pour les hommes d'être dans une situation où,
pendant que leurs passions leur inspirent la pensée d'être méchants,
ils ont pourtant intérêt de ne pas l'être.

Montesquieu, De l'espri des lois

幸运的是人们处在这样的境况之中，他们的欲望让他们生出
作恶的念头，然而不这样做才符合他们的利益。

——孟德斯鸠《论法的精神》

译者序 /冯克利

2014年，我利用暑期把赫希曼这本小书重新译过，是因为十几年前便与它有过一点缘分。当时上海的朱学勤兄曾主持一套"不死鸟丛书"，我忝列编委之一，还没来得及做点什么，丛书出过四种之后便无疾而终，不过其中就有赫希曼这本《欲望与利益》。当时出版社曾惠寄一册，我读过之后甚为喜爱，但总觉得译文常有不尽如人意处，对于这么一本构思精巧、文彩斐然的著作而言，未免令人惋惜。当出版社的朋友告知有意出个新译本时，我便爽快地应下了这件事。

此次翻译采用的版本，与十几年前那个译本稍异，是普林斯顿大学出版社2013年刚出的一个新版本，前面仍有阿马蒂亚·森的序言，正文部分也无多少变化。不过，为了纪念前一年刚去世的作者，书后多了一篇由杰里米·阿德尔曼（Jeremy Adelman）写的跋。他是普林斯顿大学史学教授、赫希曼的年轻同事，也是2014年甫一面世便好评如潮的《赫希曼传》①的作者。

① Jeremy Adelman, *Worldly Philosopher*: *Odyssey of Albert O. Hirschman.* Princeton University Press, 2014.

在这篇跋中，阿德尔曼以很文学化的笔调，向这位"20 世纪伟大的知识分子之一"（阿马蒂亚·森语）表达敬意，回顾了他在普林斯顿高等研究院写作《欲望与利益》的过程。

马基雅维利在他落魄的晚年，曾给好友圭恰迪尼写过一封著名的信，记述自己伏首写作《君主论》和《论李维》的情形。白天他"四处游荡，捉画眉，拾柴火，跟当地粗人一起打牌，玩十五子棋"。傍晚回家后，他"脱掉脏兮兮的衣服和靴子，穿上宫廷的华服，与宫廷中的古人一起用餐……毫无羞涩地与他们交谈，向他们请教他们的行为动机，他们也友善地回答我。这时我几个时辰都不觉得无聊"。① 据阿德尔曼说，毕生喜爱阅读马基雅维里的赫希曼，在写作《欲望与利益》的过程中也像马氏一样，将自己沉浸在与古人的对话之中。那时的赫希曼，在卡片上记满了古人的名字和箴言，"与古代哲人一起追思旧邦……连他的衣着，都让人想起文艺复兴时代的服装。在普林斯顿高等研究院的大厅里，人们一眼就能认出既博学又衣冠楚楚的赫希曼"（第137—138 页 ②）。

马基雅维里缅怀旧事，是为了让他的同胞重建罗马人的荣誉意识，赫希曼回到古人中间，则是要唤醒今人对早期资本主义的

---

① 　John M. Najemy, *Between Friends*: *Discourses of Power and Desire in the Machiavelli-Vettori Letter of 1513—1515*. Princeton University Press, 1994.
② 　这里标注的是原书页码，见本书边码；余同。

记忆，恢复他们对其诞生的"奇迹感"。因为在他看来，那个时代的道德焦虑推动着对人性的反思，但人们通常都低估了它内生于传统话语的程度（第 4 页）。那是一个在既有的人性论内部发生缓慢变化的神奇过程。

其实，赫希曼本人的一生就是个很传奇的故事。2012 年底他去世后，《纽约客》专栏作家格莱德韦尔（Malcolm Gladwell）曾撰长文《怀疑的才能》[①]，讲述了他不同寻常的经历。1915 年赫希曼出生在柏林一个犹太富商之家，1933 年入索邦巴黎大学，然后去伦敦政治经济学院，最后是在意大利拿到经济学博士学位。这样的教育背景足以使一个人有开阔的知识视野。而在学业之外，他的经历更加不同寻常。西班牙内战期间，他曾投身于共和派反抗佛朗哥的战斗。二战初期他在法国马赛大力营救过数千名犹太人，其中包括画家杜尚、人类学家列维·施特劳斯和政治哲学家汉娜·阿伦特。太平洋战争爆发后他加入美军成了一名文官，在意大利参与过对纳粹战犯的审判。战后他先是供职于美联储，参与过马歇尔计划的实施，然后在南美的哥伦比亚为世界银行工作多年。当赫希曼真正转向学术生涯时，已过不惑之年，先后任教于加州大学伯克利分校、耶鲁大学、哈佛大学和普林斯顿高等研究院等几所精英大学和机构。他留下的著述并不很多，却常有独

[①]　Malcolm Gladwell, "The Gift of Doubt," *New Yorker*, June 24, 2013.

特的创见，以致有人认为，他没有拿到诺贝尔经济学奖，不是他的遗憾，而是诺贝尔奖委员会的错误。①

确实，赫希曼通常被人视为一个杰出的发展经济学家。他的《经济发展战略》和《退出、呼吁与忠诚》，②使他在经济学界享有盛誉。但赫希曼同时也是一个喜欢跨学科思考的人，现代森严的学科壁垒可以成为"专家"躲开质疑的避风港，但在赫希曼看来，却是使人眼界狭窄的知识牢笼。所以我们看到，写出《经济发展战略》的赫希曼，同时也是《欲望与利益》的作者，前者是典型的发展经济学理论著作，后者则是对17和18世纪观念史甚至是修辞史的精深研究。它的主题虽然涉及经济行为的动机，亦有对斯密和重农学派的讨论，叙事方式却完全回到了古典语境之中，调动的许多知识资源通常不会进入经济学研究视野，例如培根、维柯、斯宾诺莎、孟德斯鸠和米勒等。

在这一点上，我们可以清晰看到赫希曼与哈耶克——他自20世纪40年代便喜欢阅读的学者之一——的相似之处。首先，他们两人都是不好归属于任何学科的思想家；其次，与哈耶克的无知理论相似，赫希曼认为，社会生活的复杂性给人类的认知能力

① 见 Jeremy Adelman, *Worldly Philosopher*, p.613。
② Albert O. Hirschman, *The Strategy of Economic Development*. New Haven：Yale University Press, 1958；*Exit, Voice and Loyalty：Responses to Decline in Firms, Organizations, and States*. Harvard University Press, 1970. 两书都有中译本：赫希曼：《经济发展战略》，曹征海、潘照东译，经济科学出版社1991年版；《退出、呼吁与忠诚——对企业、组织和国家衰退的回应》，卢昌崇译，格致出版社2005年版。

设定了根本性的限制，但这种限制本身并不是一个不利因素，反而为人类以纠错方式发挥创造力提供了广阔空间，所谓发现无知要比已知更令人着迷，改进的动力也正是来源于此。这种思想在他写于 1967 年的名篇《隐蔽之手原理》① 中有最集中的体现。或许经历过太多人世间的不测，他对那些以理性假设作为前提的理论推衍一向不以为然，更看重计划的失败为创新提供的机会："创新的出现总是令我们惊奇，在它出现之前我们不可能想到它，甚至难以相信它是真的。换言之，我们不会有意识地从事这样的任务，它所要求的创新我们事先就知道将会发生。我们能让创造力得到充分发挥的唯一方式，就是对任务性质的错误判断。"② 无知确实能酿成恶果，但那多是因为政治领袖们的虚妄。他们宣称拥有自己并不具备的整全知识并强力加以贯彻，结果是扼杀了个人根据变化做出调整的机会。

　　尽管赫希曼本人宣称，《欲望与利益》一书与他过去的经济学著作有着截然不同的性质（见第 xxii 页），我们从这本著作中仍可以看到以上思想方法的运用。他认为，新的观念并不是从外部对抗旧的既有体制中产生的，而是内生性危机因素的意外作用。《欲望与利益》导论中的一段话，可以视为这种认识方法的

---

① Albert Otto Hirschman, "The Principle of the Hiding Hand", *Public Interest*, Vol.6, Winter 1967, pp.11—23.
② 同上，p.13。

反映："人们通常低估了新事物源于旧事物的程度。将漫长的意识形态变化或演变描述为一个内生的过程，较之把它描述为独立形成的反叛性意识形态与占主导地位的旧伦理的衰落同时兴起，当然要更为复杂。"（第4—5页）新思想的产生类似于一个应激性的进化过程，而应激源只能从它的机体内部去寻找。为描述这个过程的发生，就需要考察和辨别一系列相互关联的观念与主张，找出其源头与变异的来龙去脉。

　　从这个角度来观察思想史，往往会发现一种新观念的产生并不是来自周密的论证，而是一些存在于原有话语体系中的"小观念"和"局部知识"，它们在意识形态中看似不占核心位置，更不能提供认识社会的整全知识，但是在某种社会变迁——本书中的例子是商业活动的增加——的刺激下，却具有动摇既有意识形态的强大力量，能够引起社会风尚的深刻变革。此外，17和18世纪的思想者，与今天的理论家们最大的不同，大概是他们喜欢讨论的不是"主义"，而是"人性"。翻一翻譬如说洛克、亚当·斯密和孟德斯鸠的著作，我们便会发现，他们很少讨论以"主义"冠名的各种思想，也不会把带有"ism"后缀的词作为核心概念。毕竟那时的西欧尚未进入"意识形态"时代，其世界观仍是以自古典时代便已形成的各种人性论及其相关概念作为基础。当然，这也是赫希曼能够从修辞学角度分析那个时代商业伦理的前提。

　　像"欲望"和"利益"这类概念，便是能够引出大见识的小观念。《欲望与利益》是一本有关资本主义早期观念史的著作。为了寻找这些小观念的影响，赫希曼必须冒险步入那个丰富而复杂的思想大厦，重建观念序列而忽略其各种思想体系（参见第3—4页），这使此书更像是对17、18世纪思想生态的一次田野调查。那个时代发生过一场对商业行为的思想推销运动，采用的方式之一，是通过对包含在"欲望"（passion）这个古老概念中的某些成分重新给予伦理学解释，使人们从其负面价值的负担中解脱出来。

　　据赫希曼本人说，他这本书的构思，肇端于孟德斯鸠《论法的精神》中的一句话："幸运的是人们处在这样的境况之中，他们的欲望让他们生出作恶的念头，然而不这样做才符合他们的利益。"他由这个表述察觉到，对于人的"欲望"，自17世纪始，一些思想家开始从中区分出一种"利益"的成分，而在过去这样的区分是不存在的。"欲望"中最突出的表现之一，即对财富的贪婪，一向被基督教认定为人类"七宗罪"之一，奥古斯丁将它同权力欲和性欲并列，称为导致人类堕落的三大诱因。不过基督教神学的希腊化因素也给奥古斯丁的思考留下了烙印，他在谴责欲望的同时，还观察到在不同的欲望之间存在着某种张力。比较而言，权力欲也许比另两种欲望要好一些，它包含着追求"荣誉"和"公共美德"的倾向，可以抑制另一些罪恶。这虽然仍是一种古代世界的欲望观，但它提示了欲望的不同成分是可以进行语义学操作的，这就为以后的"欲望制衡说"埋下了伏笔（参见第9—10页）。

比如，就贪财这种欲望而言，如果决定某种行为是否有利可图是来自经济上的考虑，那么它是否应当被人广泛接受，甚至应当得到赞美和推崇，则主要取决道德上的说服力。就像韦伯在解释资本主义与新教伦理的相关性时所说，赚钱的动机，经济上的利己主义，是每个时代都常见的动机。正如中国有过重农抑商的传统一样，它们在欧洲的基督教文明中，过去也仅仅是被人默默接受，而从不给予道德上的张扬。需要一项观念上的重大转变，才能把一种原来被视为人性中恶的因素，变为值得称颂的美德。

一种发生在语言深处的变化，逐渐完成了这一使命。此一现象我们并不陌生，诸如"投机倒把"或"三座大山"等习语，都曾发生过这种对意识形态起着解构作用的再解释。如果发挥一下想象力，甚至当狩猎时代向农耕时代过渡时，可能就曾发生过种类道德符号的意义变化，比如"残暴"作为一种美德让位于"勤劳"，只是我们无从知晓它的细节罢了。按赫希曼的分析，在前资本主义时代，基督教力主带罪之人当以谦卑为上，文艺复兴之际则出现了十分排斥利益考虑的"荣誉观"和"英雄主义"。然而不知起于何时，这两种价值观开始同样受到怀疑，一种为商业行为的新辩护诞生了。它既不像基督教的谦卑观那样压抑欲望，也不像骑士的荣誉意识那样放纵欲望，而是对欲望加以解剖，区别出它的不同功能。在赫希曼看来，最能代表这种思想转变的，便是下面维柯的这段话：

> 社会利用使全人类步入邪路的三种罪恶：残暴、贪婪和野心，创造出了国防、商业和政治，由此带来国家的强大、财富和智慧。社会利用这三种注定会把人类从地球上毁灭的大恶，引导出了公民的幸福。这个原理证明了天意的存在：通过它那智慧的律令，专心致力于追求私利的人们的欲望被转化为公共秩序，使他们能够生活在人类社会中。（第 17 页）

这段话的意义在于，以往被认定为"人性之恶"的欲望，只要为它注入"智慧的律令"，便可以变为有益于人类福祉的力量。人类持有善恶观或是一个常数，但何为善恶却未必是一个常数，人作为一种能反思的动物，会随着环境的变化对其进行调整。

这一调整的大背景是，文艺复兴以后，尤其是 17 世纪以后，人们对于用道德教化或宗教戒律来约束人类欲望，已逐渐失去信心，于是他们开始寻找约束欲望的新方法。神的权威既已不足恃，重新解释欲望本身的努力也就随之产生。帕斯卡为赞扬人类的伟大而找出的理由是，他"经努力从欲念中梳理出了美妙的格局"和"美丽的秩序"（第 16 页）。人的欲望是"有秩序的"，而在理性主义者眼中，秩序永远是美丽的。它的美也许处于欲望者的意识之外，但就如同物质世界一样，可以通过理性的分析对它加以认知甚至操控。

这种基于理性分析的思考，引发出许多非常著名的学说。培根站在唯物主义的立场上，严肃地思考"如何让一种欲望对抗另一种欲望，如何使它们相互牵制，正如我们用野兽来猎取野兽，用飞鹰来捕捉飞鸟一样"（第22页）。斯宾诺莎更是直接断言："除非借助相反的更强烈的欲望，欲望无法得到限制或消除。"曼德维尔从欲望中区分出奢侈与懒惰，休谟则将贪财与贪图安逸相对照，他们都认为，前者要比后者对社会更加有益（参见第23—26页）。

然而有一个问题。这些见解不管从哲学角度听起来多么动人，它能否落实为一种真正可以制服欲望的制度，仍是非常不确定的。按休谟的著名说法，理性很容易被欲望征服，成为它的奴隶。需要一种新的解释方式，使欲望能够与理性建立起可靠的联系。完成这一解释任务的关键，便是"利益"的概念。

赫希曼在"'一般利益'和驯化欲望的'利益'"这一节中，追溯了它的出现与词义变化的过程。最初它见于治国术中，罗昂公爵提出了"君主主宰臣民，利益主宰君主"一说（第34页）。继之又有爱尔维修对道德家的讽劝："假如有人打算劝说轻佻的女人端庄而收敛，他应该利用她的虚荣心去克服她的轻佻，让她明白端庄稳重是爱情和优雅享乐的来源……用利益的语言代替

欲望有害的语言，他们便有可能成功地使人接受其箴言。"（第28
页）而活跃在18世纪中叶政论舞台上的英国主教巴特勒，则对
利益和欲望的区别作了最清晰的表达：

> 特殊的欲望有悖于谨慎和合理的自爱，后者的目的是我
> 们的世俗利益，一如它有悖于美德和信仰的原则；……这些
> 特殊的欲望会诱发不利于我们世俗利益的鲁莽行为，一如它
> 会诱发恶行。（第35页）

　　在传统的道德说教失效的情况下，"利益"这个概念的好处
是不言而喻的。它不是一个独立于欲望和理性之外的概念，而是
可以成为沟通和平衡两者的桥梁：使欲望变成融入"理性"的欲
望，使理性成为替"欲望"服务的理性。这种从利益的角度处理
欲望的方式，促成了古老的人性论的一次制度主义转折。由于人
们认识到，欲望虽然无法克服，却有可能使之向着利益的方向转
化，这不但"能使欲望更好地得到满足"，"在获得财富方面有更
大收获"（休谟语，见第25页），而且较之受单纯欲望驱动的行为
后果，它具有另一个明显的优点：可以形成一种社会风尚，使贪
婪在商业社会中变得有益无害（参见56—60页）。

　　正如斯密在《国民财富论》中所说，长期经商会使商人养
成"长时间的勤勉、节约和小心经营"的习惯。曼德维尔在对比
商业社会与古代的人格时，将这一点说得更加清楚："未开化者

的……种种欲望更游移、更善变。在野蛮人身上，那些欲望比在有教养者身上更经常地相互冲突，争占上风。有教养者受过良好的教育，已经学会了如何获得个人安逸和生活舒适，如何为了自身利益而遵守规矩和法令，常能屈从较小的不便，以避免更大的不便。"[1] 当然，这种驯化欲望的利益也使理性不再那么洁净，而是归属于算计利益的个人。然而正是有此一认识，才使得思想家们能够阐述商业活动在敦风化俗方面发挥良好的作用，这在孟德斯鸠"哪里有商业，哪里就有良好的风俗"这类著名的说法中，得到了最好的表达。据赫希曼的考察，用利益去对抗其他欲望，以此推动社会进步，"这种思想已经变成了 18 世纪相当普遍的智力消遣"（第 26 页）。

此外，它对政治生态也产生了重大影响。一方面，商业利益的发展使统治者获得了影响社会的巨大物质力量，后来的福利主义和帝国主义都可由此得到部分解释；另一方面，它使统治者的滥权行为也受到了一定限制。其中作用最为明显的，就是孟德斯鸠所大力赞扬的动产的增长，它不同于土地这种传统的财富形式，其易于流动性限制了君主的暴虐。孟德斯鸠认为，人类的权欲就像贪欲一样，也是自我膨胀和不知餍足的，但利益的考虑同样能够使之得到驯化。他把当时流行的利益制衡欲望的观点与他

---

[1]　曼德维尔：《蜜蜂的寓言》，肖聿译，中国社会科学出版社 2002 年版，第 481 页。

的权力制衡理论融合在一起，阐述了汇票和外汇套利可以成为
"宪法性保障"的补充，充当对抗专制主义和"权力肆意妄为"
的堡垒（第 78 页）。用今天的话说，动产持有人可以用钞票甚至
用脚投票，是使宪政得以形成的要素之一。

　　当然，欲望向利益的转化并非没有问题，在很多人看来它会
让世界变得"庸俗"，使人生"无趣"，更严重的是，它阻碍了
"人类个性的充分发展"。马克思的"异化说"，马尔库塞的"单
向度的人"，都是对这种现象最著名的批判。对此，赫希曼以反
讽的口气说，这类指责恰恰表明，早期资本主义辩护家所取得的
成就，已经在很大程度上被人遗忘了。透过赫希曼还原的思想史
场景可以看到，早期思想家对商业社会寄予希望，恰恰是因为
"人性的充分发展"并不可取，而商业能够"抑制人类的某些欲
望，塑造一种不那么复杂和不可预测、更加'单向度的'人格"
（第 132 页）。他们对欲望可能释放出的能量有着强烈的道德忧
虑，所以才将利益驯化欲望作为商业社会的伟大成就之一。而一
个多世纪之后，这项成就却被谴责为资本主义最恶劣的特征。

　　赫希曼在这本书中与斯密乃至韦伯一样，同样关注理性对资
本主义行为合理化的作用，但他用更加具体鲜活的"利益观"取
代了韦伯的"新教伦理"。这一论证路径的缺点是没有解释为何
资本主义在一个地区得到接受的程度强于另一地区，好处则在于
它为认识资本主义发生学提供了一个更加一般性的视角。我们也

可以由此重新检讨一个被赫希曼一笔带过而没有深入讨论的问
题：现代资本主义的全球性扩张，与以往历史上的大规模征服有
何不同？

　　赫希曼在全书结尾处谈到资本主义带来的"有益政治后果"
时，引用了熊彼特的一段话："一般说来，领土野心、殖民扩张
的欲望和好战精神并不像马克思主义者所说，是资本主义制度不
可避免的结果。更准确地说，它们产生于残存的前资本主义精
神，这种精神不幸根深蒂固于欧洲主要国家的统治集团中。"（第
134—135 页）熊彼特这段话并未涉及欲望和利益之分，但它却暗
含着这样一层涵义：殖民扩张是源于赫希曼所说的"欲望"，而
不是"利益"。在很多痛恨资本主义扩张的人看来，这种区分或
许没有意义，但忽略这种区分，可能也意味着看不到历史上不断
发生的征服与资本主义扩张有何性质上的不同。

　　我们不必否认，资本主义为殖民扩张提供了强大的技术和物
质手段，但这种征伐与扩张的原始动力，与其说是来自资本主义
本身，不如说同奥斯曼帝国、蒙古帝国或西班牙帝国的前现代
扩张方式的关系更为密切。就如赫希曼所说，在 16 世纪的西班
人看来，"尊贵之人靠征战获得财富，要比卑贱之人靠劳动挣钱
更光荣，更快捷"。当他们从"大征服"（Reconquest）中崛起时，
这成了他们特有的基本信念（第 58 页）。换言之，它背后的动力
是作为"欲望"之古典含义的贪婪，而不是受到现代商业社会推

崇的"利益"。不妨这么说，满足欲望无法使人与动物相区分，获取利益才是文明人的特征。所以，从赫希曼的分析来看，这种扩张与掠夺的现象，也只能视为一种前资本主义欲望的遗存，而不是来自"开明的自利"——工商业阶层对"欲望"的一种独特理解。这个团体也重视民族国家的建设，但是与过去的征服者不同，它的"利益观"使它并不把国家的武力，而是把"温和得体的商业活动"，视为获取财富的主要手段。它最想直接获得的不是金银财宝，而是市场；它所建构的体制，也不同于近代之前的帝国体制，而是被差强人意地称为"资本主义"。

最后，我想有必要解释一下翻译上的一点问题，尤其是"passion"和"doux"（及其名词形态"douceur"）这两个单词，它们在赫希曼对商业社会辩护话语的分析中起着枢纽作用，不得不多说几句。

参与"苏格兰启蒙运动丛书"翻译的学者们，对如何翻译"passion"这个频繁出现在亚当·斯密和休谟等人著作中的单词，有过多次讨论。我印象中大多数人主张将它译为"激情"；我的朋友罗卫东先生在一篇介绍赫希曼的文章中，也曾特别指出应当把"passion"一词译为"激情"。① 他们这样坚持自然有着充足的理由。从词源学来说，"passion"第一义是专属于耶稣

---

① 罗卫东：《激情还是利益？》，载《读品 2007》，江苏人民出版社 2007 年版。

的"受难"，与这里的讨论无关；第二义则是"Any kind of feeling by which the mind is powerfully affected or moved；vehement，commanding, or overpowering emotion"（能强烈影响精神状态的任何感情；猛烈的、不可抗拒的或压倒性的情欲），由此译为"激情"大体是不错的。但问题在于"passion"一词涵盖的"感情"十分宽泛，举凡"ambition, avarice, desire, hope, fear, love, hatred, joy, grief, anger, revenge"（野心、贪婪、欲求、希望、恐惧、爱恨、悲伤、喜怒、报复心）皆可纳入其义项之下。[①] 事实上，赫希曼本人在讨论"passion"时征引的许多文献，也多与以上这些心理或感情状态有着密切的关联。按基督教的传统观念，它们大多属于人性中的固有之恶，而中文的"激情"一词的内涵远远没有这么丰富，而且在使用中多以正面含义为主。譬如，我们会说一个人在谈恋爱或创业上有激情，却几乎不会说他的报复、仇恨或贪财也很有激情。因此我在这个译本中还是沿用了原来那个旧译本的"欲望"，它所表达的感情强度虽然比"passion"弱了一些，好处在于它是个比较中性的概念，大体可以将上述情绪都包括进去。

另一个更大的麻烦是"doux"这个不断出现在书中的法文词，它的原义是"qui produit une sensation agréable；manque

---

① *Oxford English Dictionary*, Oxford University Press, 1989, "passion" 词条。

d'assaisonnement；cause un sentiment de bien-être，de contentement；
qui agit sans brusquerie；qui est de caractére tacile"（令人愉悦的，
不生硬的，柔和舒心的、平易近人的）。[①]孟德斯鸠用它来形容人
在商业活动中的行为表现，无论英语还是汉语，于此皆无贴切的
对应说法，所以赫希曼在文中只好不加翻译，径书以法文原文。
法英转译之难尚且如此，汉译的难度更是可想而知。我在文中出
于不得已，勉强将其译为"温和得体"，只能算庶几近之，在此
略作交代，以方便读者体味其中意蕴。

除了这些令人挠头的概念，译文中难免还会有一些因理解偏
差或疏忽造成的问题，读者诸君有明察者若能不吝赐教，则本人
幸甚焉。

2014 年 12 月 5 日于泉城历山南麓

---

① *Petit Larousse illustr*，Paris：Librairie Larousse，1985，"douxe" 词条。

序 /阿马蒂亚·森

　　艾伯特·O.赫希曼是当代伟大的知识分子之一，他的著作改变了我们对经济发展、社会制度、人类行为的认识，也改变了我们对身份认同、忠诚、义务的性质和意义的理解。把此书称为赫希曼最杰出的贡献之一，可谓实至名归。这尤其因为它是一本讨论经济思想史的著作——其实只是一本薄薄的专著，而近来这个主题几乎不受关注，甚至得不到多少尊重，几乎从世界上大多数名牌大学的经济学课程中消失了。《欲望与利益》不像赫希曼的《经济发展战略》（*The Strategy of Eonomic Development*）那样，具有为公共决策作贡献的紧迫性，也不像他的《退出、呼吁与忠诚》（*Exit, Voice and Loyalty*）所精当描述的那样，具有急迫的实践原因所产生的当下性。那么，这本书有何特别之处呢？

无害的利益与有害的欲望

　　答案不仅在于赫希曼使我们认识到，要以新的方式理解资本主义的意识形态基础，而且在于一个明显的事实：这种新方式是源于已有两百多年历史的观念。为资本主义辩护的基本假设——赫希曼研究了它的提出和发展——有赖于以下信念："它以牺牲人类的某些恶劣倾向为代价，激活人类的某些有益倾向。"看待此一问题的这种方式似乎与今天大相径庭，因此，焕发出活力的资本主义的早期拥护者，十分有力地（按其自身的逻辑也很有说服力）阐发这一论题并为之辩护，便特别引人注目。资本主义在当代世界兴起，也得到了充分认可，对它的利弊如今已有十分标准的一致看法，所以很难理解早期为它提供的知识辩护，是基于一些与今天看待这个问题的方式相去甚远的观念。

　　基本的观念十分简单。用经典的好莱坞方式打个比方吧：你被一群蓄意杀人的歹徒追杀，对于和你有关的一些事——你的肤色、鼻子的形状、信仰的性质，或不管是其他什么——他们恨之入骨。当他们盯上你时，你一边逃一边扔下一些钞票。他们每个人都会盘算捡起钞票这件大事。你逃脱之后，你的好运气可能会让你觉得，歹徒的利己之心是件好事。然而从事概括的理论家还会指出，这只是普遍现象的一例，虽然是很粗俗的一例：获取财富的无害利益驯服了暴力欲望。在资本主义的早期辩护者看来，这便是对它的赞扬，这本书对此作了深入研究。

与信息经济和激励机制的对比

xi

当然，资本主义的行为基础不断受到关注，在有关资本主义的运行和成功的理论中，追求自利仍占有核心地位。但是在这些近年来的理论中，利益被赋予了另一种更加"积极的"角色：即通过**信息经济**和**激励机制**的顺畅运行促进资源的有效配置，而不仅是遏阻有害欲望的消极角色。

孟德斯鸠在《论法的精神》的一段话中提出的论证，如赫希曼在新版自序中所说，为他这项历史研究提供了灵感。孟德斯鸠的论证与他的一种信念有关：虽然欲望可能让人"作恶"，"不这样做却符合他们的利益"。詹姆士·斯图亚特赞美"利益"是驯服"专制主义蠢行""最有效的缰绳"。不同于研究当代市场经济和不受限制的资本主义的理论中的动机分析，这些观点采用的是另一种取向。

当代意义

不过，此书的意义不仅在于它所提供的历史解释。它与今人的关切有着许多联系。鉴于恶劣的欲望在当代世界的可怕影响，能否抑制资本主义和贪婪本能，使人们不采取破坏性行为，确实是个大问题。不仅孟德斯鸠、斯图亚特和他们的一些同代人将自利视为伟大的救世主，后来一些作家（他们往往不知道先前的文献）也认为，自利是摆脱恶欲影响的极好方式。

正如赫希曼指出的，甚至凯恩斯也说过，"一个人对自己的银行账单实行专制，要好过对他的同胞实行专制"，这表达了前者可以作为后者之"替代物"的愿望。但赫希曼又说，"在这里讲述的故事之后，看到凯恩斯在他特有的为资本主义的低调辩护中，诉诸约翰逊博士和18世纪的其他人使用过的相同观点，未免令人痛心"，这对凯恩斯可能稍嫌不公。凯恩斯的观点依然涉及利益，尽管缺乏新意（赫希曼让我们明白了这一点），但是他可能忽视了论述利益的早期文献，这一点无损于其研究的现实相关性。

如果以上提出的当代意义成立，那么它确实为资本主义提供了一个实质性的辩护，这完全不同于一般均衡理论和有关的理论结构提供的辩护，后者强调"既定"偏好，将经济考虑同其他动机加以分离。事实上，赫希曼在《市场社会的对立观点》(Rival Views of Market Society) 中已进一步出色地探究了这一思路。当然，促进赢利和市场化可以成为压制原教旨主义恶行和抑制有害欲望的一般方法（例如，不可能通过鼓励经济上的自利，找到直接解决波斯尼亚、卢旺达或布隆迪问题的办法）虽难以理解，但是这里可能有着潜在的相关意义，所以不能完全置之不理，从长远看就更是如此。

经验相关性远不是那么简单，显然要依环境而定。受利益驱使、借助于购销合同的商贸活动，从性质上说与在欲望驱使下用砍刀和攻击性武器追逐敌人不能相提并论，这种看法自有一定的道理。然而在适当的环境下，黑手党也能把赚钱与暴力和残忍结合在一起。经验相关性显然是复杂的，需要更加密切地考察环境条件方面的特点。

作为唯一动机的自利

与当代的另一种相关性涉及经济理论中一般行为假设的短期性。在资本主义早期辩护者看来特别令人信服而又自然的理论，今天的人会感到很隔膜，甚至很怪诞，这个事实会让我们停下来反思一下在当代理论家看来令人信服而又自然的行为假设。主流

xiv 经济学理论极力采用纯粹追求自利的假设。有些具体成果，包括处于核心位置的关于竞争均衡的效率和帕累托最优性的阿罗—德布鲁（Arrow-Debreu）定理，都是基于对"外部性"（包括利他主义）的完全排除，只有某种极为有限的形式除外。甚至在接受利他主义时，例如加里·贝克尔的理性配置模型，经济学家仍然假定，采取利他主义行为是因为它增进了每个人自己的利益；利他主义可以因同情他人而有自身福利的个人收获。良善行为或追求某种无私的目标，没有被赋予任何具有义务含义的作用。这种理论一方面完全排除了资本主义早期理论家将之与自利相对照的恶欲；另一方面排除了康德在《实践理性批判》（*The Critique of Practical Reason*）中分析过、亚当·斯密在《道德情操论》（*The Theory of Moral Sentiments*）中讨论过的社会义务。

赫希曼曾在其他地方指出，有大量证据不利于这种"吝啬的"（parsimonious）理论，有些人表示，我们的私人利益和公共关切之间的平衡可以——有可能是周期性地——随时间而发生变化。赫希曼在《转变参与》（*Shifting Involvements*）中概述和分析了这种经济和社会行为的丰富内容。这里不是深入论述这些重大问题的场合，但它们确实与赫希曼的其他著作有关。总之，有关资本主义行为基础的早期理论，当年曾像今天的假设一样得到强有力的辩护，它的终结提醒我们，对支配着——常常是暂时的——主流思想的假设，一般要持谨慎的态度。

文化的作用

　　事实上，就在当代主流经济学理论的纯粹追求自利假设得到巩固之时，在商业和政治的实践领域出现了某些与资本主义的动机互补的文化相关主张。例如，在东亚就有人强烈主张，推崇"秩序""纪律"和"效忠"（它体现在所谓的"亚洲价值观"中）为促进资本主义的成功作出了贡献。与日本联系在一起最先出现的这种解释，被扩展至四"小虎"，然后又被扩展到亚洲其他快速增长的经济体。近来赋予儒家伦理、武士文化和其他动机的作用，使马克斯·韦伯的"新教伦理说"看起来像是退役运动员的喃喃自语。

　　有些新理论家也认为，对秩序的需求使威权主义政府（大概还有暂时搁置人权）成为必需，这种态度很容易让人把它同赫希曼讨论的观念加以对比。例如，斯图亚特对"专制主义蠢行"的明确批评，就为当代的争论提供了一个很好的起点。虽然赫希曼的著作专注于欧洲思想，但是此时此刻它的主题在世界的一个地区十分典型，那里正在试图使它自称新资本主义中心的主张能够成立。

　　我本人对鼓吹"亚洲价值观"奇迹的理论甚为怀疑。它们常常基于从糟糕的研究得出的归纳，政府发言人在回应对威权主义 和违反人权行为的谴责时，也常常把它挂在嘴上（例如公然发生在 1993 年维也纳世界人权大会上的一幕）。但是，即使在关于

"亚洲价值观"的草率断言被证明基础不牢之后，行为的文化先例（cultural antecedents of behavior）这个与赫希曼研究的欧洲思想传统的观念密切相关的一般论题，仍可以成为一个从事严肃研究的合理领域。这也直接牵涉到"欧洲启蒙运动"及其以人性的名义提出的那些普适性主张的性质和范围——这是赫希曼讨论的另一个主题。这是个内容丰富的领域，许多非经济学家，例如历史学家、文学家、人类学家、社会学家和心理学家等，都可以从中发现令他们很感兴趣的问题。

经济学家通常是为自己的同行写作，赫希曼著作的感召力却别具一格，它们跨越了学科的界线。本书就像他的其他许多著作一样，论述的问题涉及多个领域，加之赫希曼的深入论证和流畅的文风，使其具有十分广泛的感染力。例如，赫希曼评论了资本主义"抑制'人类个性的全面发展'"这一观点，并指出一个高度相关的事实，即它恰恰是"人们认为资本主义所能成就的事情"（根据作者在本书中的研究），他提供了除经济学之外对其他一些学科也有普遍意义的分析。

意外的实现和未实现的意图

这本书的基本主题也与认识自我的普遍兴趣有关：我们到底

是如何走到今天这一步的？我们从本书得到的启发，在某些方面可以比作个人的自我发现，就像一个人回忆起被遗忘了的童年想法，他当时决定不当火车司机了，但还有一些事情可能也对实际发生的事情有着隐约的影响。这里回忆起的观念对于为新发展起来的资本主义体系提供辩护产生了极大影响（求助于有益的自利），这种观念虽然没有完全像预见的那样发挥作用，但它确实影响了实际发生的事情。这是一个想象的世界中的关键事实，它帮助创造了我们今天生活于其中的真实世界。

即使不考虑本书的具体主题的特殊意义，各种预期之间的关系也有着很大的普遍意义，这些预期支持并维护着强大而又深刻的变化，但并没有实际导致那些预期的实现。斯密和门格尔感兴趣的是"意外实现的结果"，哈耶克甚至对此颇为迷恋，与他们不同，赫希曼揭示了"意图但没有实现的结果"的力量和影响。后者可能不像前者那样易于观察（因为未实现的结果是观察不到的），但那些未实现的预期的影响在今天依然强有力地存活着。

其实，我认为赫希曼所作的两种对比更有意义。在一个相互依存的世界里，我们的行为的某些结果是意料之外的，这件事可 xviii 能很明显，也可能不那么明显。我们的行为往往产生许多不同的结果，我们关心的只是其中的某些结果。不妨以一件琐事为例，当我出门买报纸时，有些我不认识的人看到了我。但是让我不认识的人看到我，这可能根本不是我出门的理由（我只是想去买报纸）；这是一个无意中实现的结果。对"行动的意外结果"大惊小怪，在很多情况下有点矫揉造作。

相反，意欲的结果对于采取的行动，即致力于实现该意图的行动，显然十分重要。因此，有意实现的结果落了空，导致事与愿违，也更加令人关注。尽管赫希曼所分析的对比像是过去有关"无意的结果"的对比的一个变种，但它确实有其自身的现实意义，与斯密、门格尔和哈耶克等人使之闻名于世的所谓难题相比，它可能更不寻常，更令人着迷。

结　语

我在这篇序言中想列举一些理由，以表明本书不仅是一项重要的知识贡献，而且是赫希曼最出色的著作之一。它不但有史学意义，也有当代意义。它的读者不限于经济学或经济史领域，而是来自许多学科。可以用来评判本书的最严格的标准，是由赫希曼本人的著作设定的，由此可知他所取得的令人称奇的成就。本书符合这些严格的标准。

1996 年 7 月

二十周年纪念版自序

　　在我所写的书中,《欲望与利益》长久以来占有特殊的地位。像社会科学领域的许多作者一样,亦如我不久前在一次漫长的采访中所承认的那样,我写书常常是为了证明别人的观点有误或过去有误。《经济发展战略》用很大篇幅反驳了各种均衡增长理论。同样,《退出、呼吁与忠诚》很大程度上归因于我发现了令人兴奋的观点,可以用来反驳以下定理:竞争(退出)是革除经济组织一切弊病百试不爽的灵丹妙药。但是《欲望与利益》所做的事情完全不同于以上两本书。我写这本书不是为了反驳任何人或任何特定的知识传统。它既不拥护也不反对任何现存的思想体系,它具有立场超然的特殊性质,有超然而独立展开的内容。

　　在我最新的一本书中,我曾吁请人们注意我近来的著作中一个共同的特点,即"自我颠覆的倾向"。我这是在说明我的一种倾向,我要揭示**我本人**(而非别人)是错误的,或至少是不完善的。例如,我在《经济发展战略》中曾解释了利用不同的联系方式不断进行的工业化的特殊动力,作为补充,我后来又探讨了相反的、流产的或"陷入困境的"综合征会对新兴工业化国家造成影响。与此相似，我在《退出、呼吁与忠诚》中第一次集中探讨了呼吁的充分利用被退出能力所损害的许多情形。但后来我开始着迷于一个重要的历史场合，当时退出和呼吁**共同**摧毁了一种制度——1989 年事件中的德意志民主共和国。

然而，就《欲望与利益》的论题而言，这种自我颠覆的倾向并没有再次显露出来。在后来发表的两篇论文——《利益的概念：从委婉语到同义反复》(The Concept of Interest：From Euphemism to Tautology)，尤其是我在马克·布洛赫讲座 (Marc Bloch Lecture) 的讲义《市场社会的对立观点》①——中，我反而重新论述和拓展了这本书的基本观点。在这两篇论文中，本书的观点得到了进一步阐发，并被扩展至 19 和 20 世纪。

既然我在顽固地探索我的基本论题，因此值得披露一点有关其来源的事情。我清楚记得，多年以前，孟德斯鸠《论法的精神》中的一句话给我留下了极深的印象，我最终把它选作本书的卷首语："幸运的是人们处在这样的境况之中，他们的欲望让他们生出作恶的念头，然而不这样做才符合他们的利益。"几年后我又偶然看到斯图亚特爵士《政治经济学原理研究》(Inquiry into the Principles of Political Economy) 中一个与之密切相关，并且

---

① 两篇文章都收入我的 *Rival Views of Market Society and Other Recent Essays* (Cambridge, Mass.：Harvard University Press，1992)。

更加"制度主义"的命题。根据这个命题,"近代经济(即各种利益)的复杂系统",必然是"已经发明出来的对付专制主义蠢行最有效的辔绳"。这是法国和苏格兰的启蒙运动合流的一个明显事例。于是我决定深入研究这些有关经济学与政治学之间联系的观点。这是个跌宕起伏的故事。它的丰富内容和充满反讽的特点,使我相信自己击中了"我的"真理,所以我从未想过对它加以修正。

xxiii

艾伯特·O. 赫希曼

1996 年 4 月

致　谢

本书初稿写于 1972—1973 年，当时正值我的休假年，于是我离开哈佛去高等研究院访学。此后一年书稿被搁置一旁，这时我收到了永久性加盟该院的邀请，我接受了这一邀请。对本书主要的修改和扩充工作完成于 1974—1975 年，只有很少一部分完成于 1975—1976 年。我很清楚，我的论证还有拓展充实、加工推敲和润色的很大余地。不过到 1976 年 3 月时，我觉得书稿虽然不尽如人意，但大致已可杀青，我很想将我的创见和谬见向读者和盘托出。我记得，50 年代一位哥伦比亚的财政部长热衷于发布政令，当我劝他谨慎行事时，他解释说，他没有钱雇用一个庞大的研究班子。"如果政令确实损害了某些团体，"他说，"政令出台之后他们会替我做研究的；如果他们能说服我，我会再发布一新的政令！"我也本着这种精神出版了拙著，因为我毕竟可以作出承诺，若有任何感到不快的团体或批评家能让我同意他们的观点，我可以再写一本书——但我怀疑他们愿意让我这样做。

说到潜在的批评者，我要向 J.G.A. 波考克特别致歉，他的

《马基雅维利时刻》(*The Machiavellian Moment*，Princeton University Press，1975)多处涉及与本书观点密切相关的一些主题。虽然我曾大大受益于波考克教授的一些论文(后来集结为他的纪念文集)，但在我有幸拜读他这部著作之前，我的论证大体已经成型。由于这一原因，我的研究并非如人们所希望的那样，是与他的观点的全面交锋。

　　几位同仁的建议和鼓励对我很有帮助，不过他们无须对本书负责。在高等研究院同社会学家和历史学家的思想与信息交流让我受益匪浅；我尤其得益于 1972—1973 年间与戴维·比恩 (David Bien) 和皮埃尔·布迪厄 (Pierre Bourdien) 以及 1974—1975 年间与昆廷·斯金纳 (Quentin Skinner) 和唐纳德·温奇 (Donald Winch) 的交谈。1973 年朱迪斯·史柯拉 (Judith Shklar) 和迈克尔·沃尔泽 (Michael Walzer) 对初稿的回应对我来说十分重要。另外，朱迪斯·腾德勒 (Judith Tendler) 以她惯有的敏锐对初稿提出了颇为具体的批评意见。最后我要感谢普林斯顿大学出版社的桑福德·撒切尔 (Sanford Thatcher) 等人，他们以出色的耐心、速度和敬业精神编辑了这部手稿。

　　　　　　　　　　　　　　　1976 年 5 月于普林斯顿，新泽西

目　录

导 论

　　本书的缘起是，当代社会科学没有能力阐明经济增长带来的政治后果，也许更重要的是，它不能解释经济增长带来的十分频繁的灾难性政治后果，无论这种增长发生在资本主义社会、社会主义社会还是混合型的社会。我猜测，在经济扩张的早期，特别是在17和18世纪，想必有大量这方面的思考。当时尚不存在"经济学"和"政治科学"这样的"学科"，也就没有跨越学科界线的问题。因此，哲学家和政治经济学家能够无所禁忌地自由探索和思考商业扩张对和平的影响或工业增长对自由的影响这一类问题。即使仅仅因为我们在这个领域受专业化诱惑而导致的知识贫乏，回顾一下他们的思考和探索似乎也是值得的。

　　这就是我撰写本书的最初动机，这个想法促使我冒险走进17和18世纪的社会思想大厦。鉴于这座大厦丰富而复杂的性质，我出来时有出乎预料的收获，甚至变得更加雄心勃勃，也就不足为怪了。事实上，正是在回答我最初的问题时，我收获了一种解释资本主义"精神"及其兴起的新方法，这是个令人着迷的副产品。我将更全面的说明留给本项研究的最后一部分，在这里概述一下这种方法也许不无益处。

4   有大量文献对封建时代和文艺复兴时期的贵族式的英雄主义理想与后世的资产阶级精神和新教伦理做过对比。对一种伦理的兴起和另一种伦理的衰落已有详尽的研究，并做出这样的描述：作为两个特征鲜明的过程，它们都有不同的社会阶级作为主角，一方是没落的贵族，另一方是新兴的资产阶级。历史学家当然会发现，把这个故事描述成一个年轻的挑战者最终取代了年迈冠军的过程很有吸引力。但是，这种想法同样甚至更多地吸引着那些寻找有关社会及其所谓运动规律的科学知识的人。信奉马克思和韦伯的分析家对于经济和非经济因素的相对重要性观点有异，但他们都认为资本主义及其"精神"的兴起，是对先前存在的思想体系和社会经济关系的打击。

近来，有一派历史学家对法国大革命的阶级性质提出了质疑。我在这里研究思想史时并不想大力破坏偶像，但是本着类似的精神，我将提供证据表明，人们通常低估了新事物乃是源于旧事物的程度。将漫长的意识形态变化或演变描述为一个内生的过程，较之把它描述为独立形成的反叛性意识形态与占主导地位的旧伦理的衰落同时兴起，当然要更为复杂。这种描述涉及对一系列相互关联的思想和主张的辨识，它们的最终后果必然不为个别环节的支持者所知，至少在这个过程的早期阶段是如此，因为假

如他们最初就知道他们的思想最终走向何处，他们也许会为之颤　　5
栗并修改自己的思想。

　　在重建这个相互关联的观念序列时，通常必须利用许多来源不同的证据，对这些证据所属的思想体系则难以给予足够的关注。这实际上就是本书第一章遵循的方法。第二章集中关注这一思想序列的要点。对充分阐发过这种观点的作者，如孟德斯鸠和斯图亚特爵士，做了更为详尽的讨论。我努力理解为本书论题提供基础的他们的具体主张与他们的一般思维方式有何关联。第三章评论了本书所描述的知识事件的历史意义，以及它们对于我们当代某些困境的相关意义。

第一章

如何用利益抑制欲望

荣誉观及其衰落

马克斯·韦伯在他那本名著的主要部分，一开头就问道："那么，那种从伦理上顶多能够得到宽容的活动，是如何变成富兰克林所理解的职业呢？"[1] 换言之，商业、银行业和诸如此类的赚钱活动，在经受了过去数百年的谴责，被贬为贪心、爱财和贪得无厌之后，如何在现代的某个时刻变成了一种荣誉？

对韦伯的《新教伦理与资本主义精神》(*The Protestant Ethic and The Spirit of Capitalism*) 的大量批评性著作，从韦伯这个探索的起点找到了毛病。据说，远在 14 和 15 世纪，商人中间就已经存在着韦伯所谓的"资本主义精神"了，在经院哲学家的著作中也可以发现对某些类型的商业活动的正面态度。[2]

不过，若是从比较的角度提出韦伯的问题，它仍然能够成立。不论怎样赞扬经商和其他赚钱方式，在中世纪的价值观中，它与其他行为，尤其是争取荣誉的行为相比，确实是低一等的。

通过对中世纪和文艺复兴时期荣誉观的概述，我在这里力求重新表述有关"资本主义精神"之起源的奇迹意义。

在基督教时代的初期，圣奥古斯丁谴责对金钱和财产的贪欲是使人堕落的三大罪恶之一，这为中世纪思想提供了基本的指导原则：另外两桩大罪是"权欲"（*libido dominandi*）和性欲。[3] 从总体上说，奥古斯丁对人类的这三种追求或欲望等量齐观。如果说他对其中之一有所宽宥的话，那就是对与美名和荣誉的强烈欲望结合在一起的"权欲"。因此，奥古斯丁在描述早期罗马人时谈到过"公民美德"，"他们对自己尘世的祖国表现出一种堕落的爱"，他们"为了自己的一种恶欲，即对美名的爱，抑制对财富和许多其他恶欲的渴求"。[4]

圣奥古斯丁在这里领悟到一种罪恶有可能制约另一种罪恶，这对本书后面的论证颇有意义。他对追求荣誉的有限认可毕竟留出了一个空间，骑士和贵族理想的代言人将其加以拓展，远远超出了奥古斯丁的学说，他们使争取荣誉和名望成了人类美德和崇高的试金石。奥古斯丁非常谨慎而勉强表达过的意思，后来变成了大获全胜的宣言：与单纯追求私人财富不同，对荣誉的热爱能够"重振社会价值"。事实上，"看不见的手"这一思想，即有一种力量使人们对私欲的追求不知不觉地符合公共利益，是由孟德斯鸠提出的，但它与追求金钱无关，而是同追求荣誉联系在一起。所以孟德斯鸠说，在君主制下，"对荣誉的追求为政体的各部分注入了活力"，因此"当每个人都认为在为自身利益努力时，结果却是为公共福利作出了贡献"。[5]

不管有没有这种深奥的辩护，为荣誉和名望而奋斗的精神，得到中世纪骑士风尚的弘扬，尽管它不符合宗教作家的核心教义，其中不仅包括圣奥古斯丁，还有从阿奎那到但丁的一个漫长谱系，他们抨击追求荣誉既是徒劳的也是有罪的。[6] 后来在文艺复兴时期，由于教会影响力的式微，也由于贵族理想的拥护者能够利用颂扬追求荣誉的大量古希腊罗马文献，对荣誉的追求取得了主导意识形态的地位。[7] 这一强大的思潮延续至 17 世纪：追求荣誉乃生命之唯一价值的最纯粹的观念，大概可以在高乃依的悲剧作品中发现。不过，高乃依的阐述过于极端，反而使他的一些同代人所展现的贵族理想大为衰落。[8]

西欧国家的一些作家和法国——这个国家在崇拜英雄理想方面大概走得最远——的作家联手"毁灭了英雄"，[9] 其中后者出力尤多。霍布斯将一切英雄主义美德描述为纯粹自我保护的形式，拉罗什富科将它称为自恋，而帕斯卡则认为它是虚荣和对真实自我认识的疯狂逃避。塞万提斯谴责英雄主义激情即或不是精神错乱，也是蠢行，此后拉辛又将它描述为自我贬低。

道德和意识形态场景的这一惊人转换来得十分突然，其历史和心理原因尚不十分清楚。这里应当强调的要点是：对这种毁灭负有责任的人并没有为了提出可能与新兴阶级的利益或需要相一

12　致的新道德准则而贬低传统的价值观。对英雄主义理想的谴责，在任何地方都没有与颂扬新的资产阶级道德观结合在一起。对帕斯卡和拉罗什富科显然可以如此说，这也同样适用于霍布斯，尽管有一些相反的解释。[10] 有很长一段时间，人们认为莫里哀的戏剧传达了赞美资产阶级美德的信息，但这种解释也已经被证明是无稽之谈。[11]

可见，英雄主义理想的毁灭这件事本身，只能让奥古斯丁将贪财、权力欲和荣誉欲（更不用说纯粹的欲望）等量齐观的观点得到恢复。诚然，不到一个世纪之后，攫取欲和与之相关的活动，如商业和银行业，最后是工业，便由于不同的原因而得到广泛赞扬，但是这一巨变并不是一种全副武装的意识形态战胜了另一种意识形态的结果。真实的故事远为复杂而曲折。

"真实的"人

这个故事确实是从文艺复兴开始的，然而它并不是由于一种新伦理观——即**个人**行为的新准则——的发展，而是要追溯到**国家**理论的一种新转变，它试图对既有制度中的治国术科（statecraft）加以改进。坚持这一出发点，当然要从对我打算讲述的故事的一种内生性偏见入手。

　　马基雅维利在教导君主如何获取、维持和扩张权力时，对 13
"事物之实相"与"人们既未见过也不知其存在的共和国和君主
国"做了重要而著名的区分。[12] 他这种区分的含义是，道德哲
学家和政治哲学家过去只讲后者，失于给君主必须治理的现实
世界提供指导。这种对科学的和实证的方法的要求，后来才从
国王延伸至个人，从国家的性质延伸至人性。马基雅维利很可能
意识到现实主义的国家理论需要关于人性的知识，但他有关这个
话题的论述虽然一向冷峻深刻，却散乱而不成系统。到了下一个
世纪，情况则大为改观。数学和天文仪器的发展使人燃起希望，
就像对落体和行星一样，也可以发现人们行为动机的规律。霍
布斯将他的人性论建立在伽利略学说的基础上，[13] 他在《利维
坦》（*Leviathan*）中，开始探讨国家的性质之前，用十章论述了
人性。不过，斯宾诺莎在人类个体的行为方面，尤其鲜明而强烈
地重申了马基雅维利对过去的空想思想家的指责。① 他在《政治
学》（*Tractatus politicus*）第一段话中便抨击某些哲学家，说他们
"不是按人的真实存在，而是按他们所喜欢的样子去理解人"。这
种对实证思想和规范思想的区分，再次出现在《伦理学》（*Ethics*） 14
一书中，斯宾诺莎与那些"厌恶和嘲笑人类情感和行为"的人相

---

① 利奥·斯特劳斯在《斯宾诺莎对宗教的批评》（Leo Strauss, *Spinoza's Critique of
Religion*, New York, Schocken, 1965）一书第 277 页指出："令人印象深刻的是，
斯宾诺莎的语气比马基雅维利还要尖锐得多。"他认为这是由于跟政治学家马基
雅维利相比，斯宾诺莎首先是一位哲学家，他本人有着更多的空想。

反，他本人的著名计划是："考察人类的行为和欲望，就像我考察线条、平面和体积一样。"[14]

"真实的"人这一当今所谓政治科学的应有主题，在18世纪继续得到肯定，有时几乎成了套话。曾经读过斯宾诺莎的维柯，姑不论其他，至少在这方面是他的忠实信徒。他在《新科学》(*Scienza nuova*) 一书中写道：

> 哲学按照人应该有的样子看人，因此只对那些想生活在柏拉图理想国中的极少数人有用，它不想把他们放回到罗慕路斯的人渣堆里。立法则是按照人本来的样子看人，它力求使人在人类社会中发挥有益的作用。[15]

卢梭的人性观虽然与马基雅维利和霍布斯的人性观相去甚远，但甚至他也在《社会契约论》(*Contract social*) 开篇一段话中表达了这种思想："从人类的实际情况和法律的可能情况出发，我希望探讨是否能够找到某种合法的、确定的统治规则。"

抑制和驯服欲望

对这种完全坚持按人的"真实面目"看待人的态度，有个简单的解释。文艺复兴时期出现的一种情感，在17世纪变成了坚

定的信念，道德教化的哲学和宗教戒律无法再让人相信它们能够　15
约束人的破坏欲。必须寻找新的方法，而对这种方法的探索合乎
逻辑地是从对人性细致而坦诚的剖析入手。像拉罗什富科等人，
便对人性刨根问底，并以极大的热忱宣布了他们的"严酷发现"，
以至这种剖析很像是变成了目标本身。但一般说来，它是为了发
现比道德说教和罚人入地狱更有效的塑造人类行为模式的办法。
不消说，这种探索大获成功。实际上，对于人们提出来取代对宗
教戒律之依赖的选择，至少能区分出三种论证方式。

最明显的选择是诉诸强制和约束，它实际上在这里所考察的
思想运动之前便已经存在。阻止欲望最坏的表现形式和最危险的
后果，必要时甚至使用暴力，这项任务被交给了国家。这是圣奥
古斯丁的想法，它在 16 世纪得到了加尔文的严格回应。[16] 任何
既有的社会和政治秩序，其自身的存在便可证明其正当。它可能
存在的不公恰恰是对"堕落的人"的惩罚。

圣奥古斯丁和加尔文的政治学说在某些方面与《利维坦》提
出的政治学说有着密切的关系。不过，霍布斯的重要创见是他特
有的交易契约观（transactional concept of the Covenant），其精神
与早期威权主义学说大相径庭。霍布斯的思想以难以归类而闻
名，需要在另一个范畴之下进行讨论。

对于因认识到人的欲望难以管束而引起的问题，压制的办法　16
有很大的麻烦。假如统治者过于仁慈、过于残暴或有其他缺点，

因而没有正确地理政，那该怎么办呢？一旦提出这个问题，建立一种适当的压制性君权或权威的前景，就像人们受哲学家和教士的劝告而限制自身欲望的前景一样，不过是一种或然性而已。人们认为后一种前景毫无可能，压制的办法则显然与它本身的前提相矛盾。设想一个的权威会自动阻止人们之间由于欲望而尔虞我诈所造成的灾难和摧残，这实际上意味着逃避而不是解决已经发现的难题。大概正是由于这个原因，这种压制的办法已经不见于17 世纪对欲望的具体分析之中。

有一种办法更符合 17 世纪的心理学发现和成见，即不是简单地压制欲望，而是**驯化**欲望的想法。国家或"社会"又被召来执行这一任务，但这次它不仅是抵御欲望的堡垒，而且是改造和教化的工具。在 17 世纪已经可以看到让破坏性的欲望变得具有建设性这种想法了。在亚当·斯密提出"看不见的手"之前，帕斯卡就赞扬过人类的伟大，理由是人类"已经努力从欲念中梳理出了美妙的格局"和"如此美丽的秩序"。[①]

17　　在 18 世纪初，维柯更全面地阐述了这种想法，并且以一种令人兴奋的发现使它别具一格：

[①] *Pensées*, Nos.502, 503 (Brunschvicg edn.). 由自爱而不是博爱形成的社会可以运转，尽管它有罪——这种想法可以在帕斯卡时代的一些著名的詹森主义者那儿看到，例如尼科勒和多马。参见 Gilbert Chinard, *En lisant Pascal* (Lille：Giarel，1948)，pp.97—118，和 D.W. Smith, *Helvetius：A Study in Persecution* (Oxford：Clarendon Press，1965)，pp.122—125。最近对尼科勒的一项细致研究是 Nannerl O. Keohane，"Non-Conformist Absolutism in Louis XIV's France：Pierre Nicole and Denis Veiras," *Journal of the History Ideas* 35 (Oct.-Dec.，1974)，pp.579—596。

社会利用使全人类步入邪路的三种罪恶：残暴、贪婪和野心，创造出了国防、商业和政治，由此带来国家的强大、财富和智慧。社会利用这三种注定会把人类从地球上毁灭的大恶，引导出了公民的幸福。这个原理证明了天意的存在：通过它那智慧的律令，专心致力于追求私利的人们的欲望被转化为公共秩序，使他们能够生活在人类社会中。[17]

维柯的头脑具有非凡的创造力，这段话显然是为他带来这一声誉的诸多言论之一。黑格尔的"理性狡黠论"（Cunning of Reason），弗洛伊德的升华概念和斯密的"看不见的手"，都可以从这些意味深长的话中读出来。但是，对于这种破坏性欲望向美德的神奇变形的条件，尚无详尽的论述，我们对此依然一无所知。

关于驯化人们的欲望，使之服务于普遍福利的思想，与维柯同时代的英国人曼德维尔做了更为详尽的论述。曼德维尔常常被视为"自由放任理论"（laissez-faire）先驱，但是实际上，他在《蜜蜂的寓言》（*The Fable of the Bees*）一书中通篇都在祈求"机敏政治家的高明管理"充当"私恶"向"公益"转变的必要条件和中介。不过，由于没有揭示政治家的"运作方式"（modus operandi），那种所谓有益的、悖论式的转变依然颇为神秘。曼德维尔只为一种具体的"私恶"提供了这一转化实际上如何完成的详细演示。当然，我指的是他对物质利益的一般欲望和对奢侈的具体欲望的著名论述。①

因此可以说，曼德维尔对他的论域做了限制，他在这个论域内断定自己关于一种具体"罪恶"或欲望的悖论是成立的。他这种退出普适性言说的做法，为亚当·斯密所继承并且大获成功，《国民财富论》(*The Weath of Nations*)*一书完全集中于传统上被视为贪财或贪婪的欲望。而且，由于其间发生的语言演化——本书后面会有更多讨论——斯密能够向前迈出一大步，使这一命题变得亲切而令人信服：他用"益处"(advantage)或"利益"(linterest)这类温和的字眼取代"欲望"(passion)或"罪恶"(vice)，使曼德维尔那令人震惊的悖论失去了锋芒。

驯服欲望的思想以这种有限的、亲切的方式得以存活并兴盛起来，成为 19 世纪自由主义的主要信条和经济理论的核心思想。但是，驯化欲望的思想远没有全面撤出普适性论说。事实上，后来运用这种思想的一些人甚至比维柯更不收敛：在他们看来，历史的进程足以证明，人类的欲望以某种方式促进人类或"世界精神"(the World Spirit) 的普遍进步。赫尔德和黑格尔在他们的历

---

① 可以有把握地说，曼德维尔所谓的"机敏的管理"，并不是指事无巨细的日常干预和管控，而是指通过试错，一个适当法律和制度性框架的缓慢形成与演化。参见 Nathan Rosenberg, "Mandeville and Laissez-Faire," *Journal of the History of Ideas* 24（April-June, 1963）, pp.183—196。不过，曼德维尔只是假定了这一框架的运作方式，而没有提供证明。他确实详细描述了奢侈对普遍福利的有利作用，但政治家或制度性框架在这里扮演的积极角色一点也不突出。

* "国富论"虽几乎已为本书的约定译名，但有极大的误导性。——译者注

史哲学著作中皆是沿着这种思路写作的。^① 黑格尔的"理性狡黠"这一著名概念表达了这样一种思想：人们在欲望的引导下实际上效力于某种全然不为他们所知的更崇高的世界历史目的。大概意味深长的是，这种观点并没有重新出现在黑格尔《法哲学原理》（*Philosophy of Law*）一书中，他在这本书中讨论的不是世界史的展开，而是他本人那个时代社会的实际演化。可见，"理性狡黠"中暗含的对欲望的全面认可，在对当代社会政治发展持批评观点的任何著作中，显然没有立足之地。

　　这种思想以最放肆的方式表现出来的最后一个范例，是歌德《浮士德》（*Faust*）中的靡菲斯特，他的著名的自我定义是："一股总想作恶，又总会带来好处的力量。"在这里，用某种具体的方式去驯化罪恶欲望的思想似乎已被彻底放弃，它的转化是通过某种神秘的（即使是有益的）世界过程来完成的。

欲望制衡原理

　　人类是不安分的，受欲望驱使的，此乃一个无处不在的事实，这使压制和驯服欲望的办法都缺乏说服力。压制的办法是在

---

① 用赫尔德的话说，"人心中的所有欲望都是一种狂野的驱动力，它并不了解自己，但是由其性质所定，它只能暗中促成一种更好的事物秩序。"*Ideen zur Philosophie der Geschichte der Menschheit*, in *Werke*, ed. Suphan（Berlin, 1909），Vol.14, p.213.

回避问题，而更加现实主义的驯服办法，被其炼丹术一样的转化过程所玷污，也与那个时代的科学热情不太合拍。

17世纪的道德学家所处理的事情——对欲望的详尽描述和研究——注定引出第三种解决方案：是否有可能区分欲望，以毒攻毒？——利用一些相对无害的欲望去反制另一些更危险、更具破坏性的欲望，或者说，以"分而治之"（*divide et impera*）的方式，让欲望之间相互对抗来弱化和驯服欲望？人们一旦对道德教化的功效感到绝望，这似乎是个简单明了的想法。但是，尽管有圣奥古斯丁偶然的暗示，形成这种想法很可能比同时抨击所有欲望的方案更加困难。在文学界和思想界，长久以来主要的欲望都被牢固地联系在一起，常常表现为一种邪恶的三位一体——从但丁的"Superbia invidia e avarizia sono/ le tre faville ch'annoIcuori accest"① 到康德《普遍历史观念》（*Idea for a General History*）中的"Ehrsucht, Herrschsucht und Habsucht"。② 人们认为，就像人类的三种灾难——战争、饥荒和瘟疫——一样，这些基本欲望也相互孳生。它们通常被视为一个违反理性命令或救赎要求的集合体，这进一步强化了认为它们不可分割的习惯看法。

中世纪的寓言常常描写美德与罪恶之战，人的灵魂就是它的

---

① "傲慢、嫉妒和贪婪／是点燃人类的三束火花。"*Inferno*, Canto VI, lines, 74—75.
② 野心、权欲和贪婪。

战场。① 多少具有反讽意味的是，恰恰是中世纪的这一传统，使后来更加务实的时代能够设想一种大不相同的斗争，让欲望对抗欲望，同时像早期的想法一样，使它仍能给个人和人类带来好处。不管怎样，这种想法出现了，而且实际上是发生在 17 世纪两个思想和个性截然相反的人身上：培根和斯宾诺莎。

就培根而言，这种思想是他力求全面摆脱形而上学和神学枷锁的结果，这种枷锁阻碍人们以归纳和实验的方式进行思考。在《学问的进步》(*The Advancement of Learning*) 论述"人的嗜好和意志"的部分，他批评传统的道德哲学家的作为

> 像是专门讲授写字的人，只展示写有字母表和单词的漂 22
> 亮小册子，对于手的姿势和构造单词不提供任何规范和指导。
> 他们搞出美好的范例和范本，摆弄着"上帝""美德""职责"
> 和"幸福"这些棋子……可是如何达到这些美好的目标，如
> 何塑造和驯服人的意志，使之与这些追求真正一致，他们全
> 都抛到了脑后……。[18]

虽然这种批评自马基雅维利以来便为人熟知，但这个比喻还是具有明显的启发作用。几页之后，培根亲自动手尝试他所提出

① 由于这一原因，这类寓言以讲述灵肉之争 (psychomachy) 闻名于世。Adolf Katzenellenbogen, *Allegories of the Virtues and Vices in Mediaeval Art* (London: Warburg Institute, 1939)，追溯了它的历史，从普鲁登蒂乌斯的《灵肉之争》(Prudentius, *Psychomachia*) 这部 5 世纪的作品直到巴黎圣母院正面中央门廊上的美德与罪恶的圆环。

的任务。他在这样做时佯装赞美诗人和历史学家。与哲学家相反，他们

> 极为生动地描述欲望如何被点燃和煽动起来；如何加以抚慰和抑制；……它们如何展露自己，如何发挥作用，如何变化，如何聚集并壮大；它们如何相互纠缠，相互对抗，以及一些诸如此类的细节。其中最后一点对道德和公共事务尤其有用。**我要说的是，如何让一种欲望对抗另一种欲望，如何使它们互相牵制**，正如我们用野兽猎取野兽、用飞鹰捕获飞鸟。……因为就像各国政府之间有时必须以一派制约另一派一样，政府的内部也要如此。[19]

这段铿锵有力的话，尤其是它的后半部分，充分表明它是基于作为政客和政治家的培根的丰富个人经验，而不是基于诗人和历史学家的成就。此外，通过用一种欲望对抗另一种欲望的方式来控制欲望的想法，也与培根充满叛逆精神的经验主义思想倾向高度吻合。但是另一方面，他这些言论在当时似乎不是特别有影响。只有现代学术研究为说明培根在这一点上是斯宾诺莎和休谟的先驱才注意到了它，他们在自己的思想体系中，赋予了这种思想更为核心的位置。[20]

斯宾诺莎在《伦理学》中阐述他的欲望理论时提出了两个命题，这对他展开自己的论证至关重要：

除非借助相反的更强烈的欲望，欲望无法得到限制或消除。[21]

和

有关善恶的正确知识并不能因其正确而抑制欲望，只有把这种知识看作一种欲望时，它才能做到这一点。[22]

斯宾诺莎有形而上学倾向，相对缺乏参与实际生活的经历，他却提出了与培根相同的学说，乍一看这似乎有点奇怪。其实，他这样做完全是出于不同的原因。让一种欲望对抗另一种欲望能够使欲望得到有益的抑制和操纵，这种想法与斯宾诺莎的思想完全格格不入。上面引用的那段话主要是用来强调欲望的力量和自主性，旨在使人充分意识到抵达斯宾诺莎在《伦理学》中的旅行目的地的现实困难。这个目的地就是用理性和对上帝的爱战胜欲望，而欲望相互制衡的观点只是达到这一目的的旅程中的一站。 24
同时，这种观点是斯宾诺莎此书所取得的成就不可分割的一部分。这可由它的最后一个命题得到证明：

［我们不是］因为抑制我们的欲望而喜欢幸福；相反，因为我们喜欢幸福，我们才能够抑制欲望。[23]

可见，把只有利用一种欲望才能战胜另一种欲望的思想置于崇高地位的第一位大哲人，并不想将这种思想引入道德实践和政治操作领域，尽管他对这种可能性持鲜明的赞赏态度。[①] 实际上，这种思想并未重现于斯宾诺莎的政治学著作中，否则，在如何使人性的诡黠有利于社会方面，斯宾诺莎的政治学著作也就不会缺少实践性建议了。

虽然休谟指责斯宾诺莎的哲学"令人厌恶"，但他关于欲望及其与理性的关系的思想却很接近斯宾诺莎的观点。[24] 休谟在宣称欲望不受理性影响方面简直更加激进："理性是，也只应当是欲望的奴隶。"这是他最著名的论调之一。他明白这是一种极端立场，因此亟须用另一种思想加以调和，即一种欲望能够发挥制衡另一种欲望的作用。他确实在关键性的同一段话中表明了这种观点："除了相反的冲动，没有东西能够抵抗或阻止欲望的冲动。"[25]

不像斯宾诺莎，休谟很乐于实际运用自己的见解。在《人性论》(*A Treatise of Human Nature*) 第三卷讨论"社会的起源"时，他立刻就这样做了。在谈到"攫取财物和资产……的贪婪"时，他认为这是一种极具潜在破坏性和独特力量的欲望，制约它的唯一办法就是让它**自己制衡自己**。这不像是个易于操作的办法，但以下是休谟解决这一问题的方式：

---

① 例如以下这段话所示："所谓相反的欲望，我在以下论述中把它们理解为可能是同一类型的欲望，例如作为爱的一种类型的好色和贪婪，但可以将人引向不同的方向。"*Ethics*, Part IV, Definitions.

25

因此，没有哪种欲望能够控制利己之心，只有通过那种欲望本身改变它的方向才能做到。这种改变是稍加反省就必然发生的，因为显而易见，约束欲望比放纵欲望能更好地使之得到满足；维护社会比孤独状态能够在获得财富方面有更大收获……[26]

对此当然可以吹毛求疵说，承认需要某种理性或反思，无论它多么"微不足道"，这意味着将一种异质因素（而且是把它设想为"欲望的奴隶"）引入另一个领域，而那里的假设是只有欲望本身在与欲望对抗。不过，这里的要点不是指出休谟思想的瑕疵，而是证明制衡欲望的思想对他的影响。休谟在一些不太重要的场合更为巧妙地运用了这一思想。例如他在评论曼德维尔时认为，奢侈固然是一种罪恶，但较之"懒惰"它可能是一种较轻的罪恶，后者会因禁止奢侈而发生：

所以，我们姑且满足于宣布：两种对立的罪恶并存可能 26
优于它们单独存在；但我们还是千万莫说罪恶本身也有益吧。

更全面的阐述如下：

赋予人类各种美德，使他摆脱各种罪恶，不管这种神奇的转变可能有何结果，都与只致力于可能事态的行政长官无关。他所能做的，常常只是用一种罪恶消除另一种罪恶；在这种情况下他应当选择对社会危害最小的罪恶。[27]

下面我还会提到，休谟在其他地方主张用"爱财"去抑制"贪图享乐"。甚至当他不赞同将这种观点运用于其他事情时，他显然也对它十分着迷，例如下面这段引自《怀疑论者》(The Sceptic) 一文中所说：

> "对于野心和征服欲，"丰特奈尔 (Fontenelle) 说，"没有什么比正确的天文学更具破坏性了。与浩瀚无穷的大自然相比，甚至整个地球也是如此卑微。"这种遐想显然不会有任何效果。或者假如它有的话，它在摧毁野心的同时是否也会摧毁爱国主义呢？[28]

这一反驳表明，聪明地利用一种欲望对抗另一种欲望，以此来推动社会进步，这种思想已经变成了 18 世纪相当普遍的智力消遣。实际上，有一大批作家，无论名声大小，都曾以一般或实用的方式表达过这种思想。《百科全书》(Encydopédie) 中的"狂热"(Fanaticism) 条目就以后一种方式阐明过这种思想；这个条目基本是对宗教制度和信仰的猛烈抨击，以专门论述"爱国者的狂热"一节作为结语，对它备加推崇主要因为它能用来抵消宗教狂热。[29] 比较而言，沃夫纳格 (Vauvenargues) 以最一般的形式表达了这种思想：

> 欲望与欲望是对立的，人们能够用一种欲望制衡另一种欲望。[30]

在霍尔巴赫更为详尽的阐述中，亦可发现同样的语言：

> 欲望是欲望的真正平衡物；我们切不可试图扼杀它们，而是应当努力引导它们；我们还是用有益于社会的欲望来抵制有害社会的欲望吧。理性……无非是指为了我们的幸福而选择必须遵从的欲望的行为。[31]

制衡欲望的原理在 17 世纪便已出现，其基础是当时对人性所持的阴暗看法，以及对欲望具有危险性和破坏性的普遍信念。到了下一个世纪，人性和欲望再次得到广泛讨论。[①] 在法国，欲望最勇敢的捍卫者是爱尔维修。[32] 他的立场在《论精神》(De lésprit) 一书的章节标题中有充分的表达："论欲望的力量""论有欲望之人的智力优于重情感之人"和"人无欲望就会变愚"。然而，卢梭一再俗套地呼吁要观察"真实的"人，尽管他的人性观完全不同于使他有此呼吁的那些人最初提出的观点，人们也同样继续提倡制衡欲望的手段，虽然现在欲望已不再被认为有害，而是能够提振人的精神。事实上，爱尔维修提供了对这一原理最出色的表述之一，他又回到了培根最初的说法，当然也增加了一种

28

---

① 请参见本书第 64 页。(此页码为原著页码，请参见本书页边码，余同——编者注)

轻浮的笔调：

> 懂得如何让我们的欲望相互对抗……以便使他们的劝说
> 得到采纳，这样的道德学家少之又少。大多数时候，他们的
> 忠告都是遵从欲望十分有害。可是他们应当认识到，这种伤
> 害打不败情感，只有欲望才能战胜欲望。例如，假如有人打
> 算劝说轻佻的女人（*femme galante*）端庄而收敛，他应该利
> 用她的虚荣心去克服她的轻佻，让她明白端庄稳重是爱情和
> 优雅享乐的来源。……**如果道德学家采用这种方式，用利益
> 的语言代替欲望有害的说教，**他们便有可能成功地使人们接
> 受其箴言。[33]

对于我们下一步的论证特别有意义的是，这里的"利益"一
词是一个用来指称一类欲望的概念，这些欲望被赋予了制衡的
功能。

这种思想从法国和英国传到了美国，在那里它被国父们当
作一个重要的知识工具用来制定宪法。[34]《联邦党人文集》(*The
Federalist*) 第 72 篇提供了一个极佳的——从最近总统权力的经
验*来看，也是一个十分典型的——例子。汉密尔顿在这里为总
统连选连任的原则作了辩护。他的论证主要是根据禁止连任会对
在任者的动机产生怎样的影响。他说，除了其他不良后果之外，

---

* 此处当指 1974 年曝光的尼克松总统"水门事件"丑闻。——译者注

这将导致"卑劣念头和侵吞公帑的诱惑":

> 如果恰好是个贪婪之人在职,他预见到在一定的时间他无论如何必须放弃他享有的薪酬,他就会感到一种对他这种人来说难以抗拒的诱惑。他会尽量利用现有的机会,无所顾忌地以最腐败的方式大肆中饱私囊。而同一个人,如果前景不同,他有可能满足于自己的处境带来的正常收入,甚至不愿意冒后果之险而滥用机会。他的贪婪可以成为防止他贪婪的卫士。这同一个人除了贪婪之外,可能还爱慕虚名或者有野心,如果他能够期待以良好的表现延长自己的荣誉,他可能不愿意牺牲荣誉以换取财富。但是面对难免即将卸任的前景,他的贪欲很可能压倒他的谨慎、虚荣或野心。

最后几句话显示了运用制衡思想的娴熟技巧,甚至让没有对这种思路接受过多少训练的现代人目瞪口呆。

看起来与此十分相似的论述制衡思想更为著名的一例,见于 30
《联邦党人文集》第51篇,该篇以"必须用野心来反制野心"这一论断,雄辩地证成了政府不同分支之间的权力分立。它的意义是,政府一个分支的野心可以用来对抗另一个分支的野心,这非常不同于上述情形,欲望在那里是被视为**一个**灵魂之内的事。然而意味深长的是,权力分立的原则只是换了一身装束:这种比较新颖的制约与平衡的思想具有说服力,是因为它采用了制衡欲望这一得到普遍认同并为人们所熟知的原理。

　　这当然不是一种有意识的策略。其实，上述警句的作者（汉密尔顿或麦迪逊）似乎成了它所引起的混乱的第一批受害者。因为他接着说："对人性的反思，也许使这些限制政府滥权的设计成为必须。然而，政府本身不就是对人性的全部反思中最了不起的反思吗?"在这里，"对人性的反思"确实是在主张，只有把人的不同欲望安排得相互对抗和制衡，才能抑制他的罪恶冲动。另一方面，权力分立原则不太像是对人性的侮辱。所以，写下"必须用野心来反制野心"这一警句的作者看来是要让自己相信，制衡欲望的原理，而不是政府部门之间相互制约与平衡的原理，才是这个新国家的基础。

　　更一般地说，似乎可以合理地认为，前一原理为权力分立原则奠定了认知基础。如此一来，这里所研究的思想脉络便又回到了它的起点：它本是以国家作为起点，然后转向对个人行为问题的思考，在这个阶段形成的见解又被适时重新输入到政治理论之中。

31

"一般利益"和驯化欲望的"利益"

　　一旦制定出用欲望对抗欲望的策略，并被人们认为可以接受甚至前景光明，这里所讨论的推理便可以更进一步：为使这一策略随时得到应用，用时下的流行话来说，为使它变得"可操作"，那么至少应当大体知道，通常要让哪些欲望扮演驯化的角色，哪些欲望确实是需要驯化的"野蛮"欲望。

这方面一种特殊的角色分配，构成了霍布斯契约论的基础。契约之产生，仅仅是因为"人类的欲求和其他欲望"，例如对财富、荣誉和权力的进攻性追求，可以由另一些"引导人们向往和平的欲望"加以克服，后者包括"对死亡的恐惧，对舒适生活必需品的渴望，以及通过自身勤奋获得它们的期望"。[35] 从这个意义上讲，整个社会契约学说是制衡欲望策略的一个分支。为了**建立**一个国家，它的体制能够使充满欲望的人所引起的问题得到一劳永逸的解决，霍布斯只需要借助这种策略**一次**。心系此一任务，他只要在特定基础上界定起驯化作用的欲望和需要驯化的欲望就够了。但是霍布斯的许多同代人，虽然像他一样关心人类和社会的困境，却不接受他的激进方案，他们进一步认为，制衡策略需要建立在具有连续性的日常基础上。为此目的，显然需要一种更一般的、持久的角色分配方案。这种方案实际上已经出现了，采取的形式是用人们的**利益**去对抗他们的**欲望**，并将以下两种情况加以对比：人们受利益引导时出现的有益结果，以及人们放松对欲望的管束所导致的灾难状态。

为理解这两个概念的对立，必须先说明一下在语言和观念演化过程中"一般利益"（interest）一词和"利益"（interests）一词

32

相继出现的（和常常同时出现的）不同含义。个人和集体的利益最终形成的核心含义，是指经济上的好处，不仅在日常用语中，而且在社会科学术语——例如"阶级利益"和"利益集团"——中都是如此。但是，经济含义成为主导含义在该词的历史上是很晚近的事。当"interest"一词在 16 世纪的西欧以"关心""渴望"和"好处"这类意思开始流行时，它的含义并不限于指人们物质方面的利益，而是涵盖了人类所向往的全部事情，但也表示其中包含着对追求它们的方式进行思考和计算的因素。① 事实上，对"interest"这一概念的严肃思考，最早出现在与个人及其物质福利完全不同的语境之中。前面已经指出，对改进治国术品质的关注如何引起了在分析人类行为方面更为现实主义的追求。这一关注也导致了对"interest"的最初界定和细致研究。

由马基雅维利开启的思想传统，后来发展成了用欲望对抗欲望的思想，现在他再一次站在了我们将要考查的思想之流的源头。我们将会看到，这两股思潮有很长一段时间是各自独立发展的，但最后它们汇合在一起，并且产生了一些显著的结果。

马基雅维利实际上没有给自己的孩子起名。他为国家的统治者规定了一种独特的行为，但并没有将它归纳为一种唯一的表达

---

① 对这个词的另一些含义，可以深入追溯它的历史获知。例如借钱应当支付的"利息"（interest）被赋予了借钱的含义，以及法语这个词的奇怪用法，即"intérêt"是指伤害和损失，这仍然明显反映在当代的"dommages-intérêts"（损害赔偿）一词中。

方式。他的著作后来确实孕育出一对孪生词，即最初同义的"利益"（interesse）和"国家的理由"（ragione di stato），正如迈内克的大作所示，它们在 16 世纪后半期得到了广泛的采用。[36] 这些概念意味着要两线作战：一方面，它们显然是宣布摆脱了马基雅维利之前作为政治哲学之支柱的道德律令和规则，但它们同时要确定一种"精明的、理性的意志，它不受欲望和一时冲动的干扰 [37]，"可以为君主提供清晰正确的指导。

　　马基雅维利这位新治国术的创建者的主要战役，当然是在第一条战线发动的，尽管迈内克证明了马基雅维利丝毫没有忘记第二条战线。[38] 当利益这个概念从意大利传入法国和英国时，它可以作为统治者行动指南的思想所暗示的**"约束"**观出现了。胡格诺派*政治家罗昂公爵（Duke of Rohan）的《论君主的利益与基督教国家》（*On the Interest of Prince and States of Christendom*）一书的著名开场白，便是这种思想的鲜明表现：

　　　　Les princes commandent aux peuples, et l'intérêt commande aux princes.

　　　　（君主主宰人民，利益主宰君主。）

　　正如迈内克指出的，罗昂可能是从波卡里尼（Boccalini）和

---

* 胡格诺派（Huguenot）：16 世纪形成于法国的基督教新教派别，深受加尔文教派的影响。——译者注

伯纳温图拉（Bonaventura）那里借用了这个说法，这两位论述治国术的早期意大利作家曾将利益称为"暴君的暴君"，将"国家的理由"（ragione di stato）称为"君主的君主"。[39] 但是罗昂用了很大篇幅才将他的要点交待清楚。他概述了西班牙、法国、意大利、英国和当时其他大国的国家利益之后，开始在著作的第二部分回顾一些历史插曲，意在表明：

> 就国事而言，切不可被无常的嗜好所左右，这会让我们承担力所不及的任务；也不可受制于狂躁的欲望，它会以各种方式让我们骚动不安……而是接受只受理性指导的自身利益的引导，这必须成为我们行动的准则。①

在这一纲领性宣言之后，他讲述了国王遵从欲望而不是自身利益所导致的若干可悲事例。

颇为反讽的是，这种有关君主利益的新学说在嘲笑以往的道

35 德和宗教戒律不切实际和毫无用处之后，立刻又警告和谴责放纵欲望。这种反讽同样适用于这些戒律的制定者，他们很乐意利用这个有点不期而至的新同盟。巴特勒主教就可以作为一例，他说明了"合理的自爱"——即利益——如何与道德携手**对抗**欲望：

> ……特殊的欲望有悖于谨慎和合理的自爱，后者的目的是我

---

① Introduction to Part II. 有意思的是，理性在这里被贬扮演一种纯粹工具性的角色，用来找到国家的真正利益所在。

们的世俗利益，一如它有悖于美德和信仰的原则；……这些特殊的欲望会诱发不利于我们世俗利益的鲁莽行为，一如它会诱发恶行。[40]

对君主而言，这种新学说几乎像旧学说一样具有约束性。但它很快便暴露出没有多大用处：有关美德行为的传统标准难以**企及**，对利益同样难以做出相应的**界定**。国王的利益在于维护和增加自己领地的权力与财富，这样笼统地说说不难，但这项原则在具体情境中很难提供明确的"决策规则"。

迈内克雄辩地指出，试图制定这种规则的历史曲折而让人沮丧。然而，利益的概念虽然在它原来的领域（君主或国家）一筹莫展，它被用于国家中的团体或个人时却大放异彩。在这里，追逐私利与理性精神的结合这种在治国术讨论中阐发的利益驱动行为之典范表现，成了一个特别有用**并**有前途的范畴。

从统治者的利益转换为被统治者不同团体的利益，英国和法国的方式略有不同。在英国，单数的利益概念仅仅用来指导君主和政治家，后来又变成了"国家利益"，这种利益显然是 17 世纪初由法国和意大利传入的。① 罗昂公爵的《论君主的利益与基督

① J. A. W. Gunn, *Politics and the Public Interest in the Seventeenth Century*（London：Routledge and Kegan Paul，1969），p.36 and passim. 这本书对 17 世纪英格兰的"利益"和"福利"这些概念的讨论包含着丰富的信息，使我受益匪浅。另可参见该作者的论文，"'Interest Will Not Lie'：A Seventeenth-Century Political Maxim，" *Journal of the History of Ideas* 29（Oct.-Dec. 1968），pp.551—564. 对相关主题的出色分析见 Felix Raab，*The English Face of Machiavelli：A Changing Interpretation，1500—1700*（London：Routledg and Kegan Paul，1964），pp.157—159。

教国家》一书有着特殊的影响，它很快便被译成英文，引起大量的评论。罗昂该书第一段的警句之一——"l'intérêt seul ne peut jamais manqué"（唯有利益绝不会犯错）[接在"le prince peut se tromper, son Conseil peut etre corrompu, mais..."（国王会犯错，他的阁僚会腐败，但是……）之后面]——便是17世纪在英格兰广为流传的"利益不会撒谎"这句格言的来源。①

罗昂在他的著作中根据国内政策或外交政策来定义利益。17世纪中期英国的革命和内战，必然为这一概念赋予更多国内问题和团体的色彩。对"英格兰利益"的讨论，不再与西班牙或法国联系在一起，而是与国内斗争中的主角联系在一起。与此类似，王政复辟之后围绕宗教宽容的讨论，在谈到英格兰的利益时，是与长老会教徒、天主教徒、贵格会教徒以及其他教徒的利益联系在一起的。后来到了17世纪末，由于政治稳定得到重建，宗教宽容也有了一定程度的保障，对团体和个人利益的讨论日益与经济愿望联系在一起。②到了18世纪初，我们注意到沙夫茨伯里将利益界定为"对各种便利的欲望，我们的好生活便是靠它们来提供和维持的"，并且他把"拥有财富"称为"特别**令人关心**的欲

① 这句格言被用作马扎蒙特·尼德汉姆（Marchamont Nedham）一本重要小册子的标题。尼德汉姆是一名教区牧师和老练灵活的政治家，他非常推崇马基雅维利和罗昂，经常引用他们的言论（参见前引用冈恩和拉博的著作）。
② 拉博在一长段关于"利益"的参考文献脚注末尾写道："正是在这个时期（也就是17世纪最后十年），'利益'获得了一个特定的经济……意义。"*The English Face of Machiavelli*, p.237. 冈恩说得更通俗一些："利益使得从议会厅到市场的过程变得非常迅速。"*Politics*, p.42.

望"。[41] 休谟同样将"对利益的欲望"或"有利益动机的欲望"用作"贪图获取好处和财富"或"贪图收益"的同义语。[42] 利益一词的这种演化，可能受益于"公共利益"含义趋同的变化；"充裕"日益成为这种说法的重要成分。①

　　在法国，这个"伟大世纪"（*le grand siècle*）的政治条件很　　38
难说有利于系统思考私人或团体利益与公共利益的关系。不过，
"intérêt"（利益）一词的遭遇也类似于它在英语中的同义词。自马
基雅维利以来，政治文献中阐发的利益观，即系统地理解用什么
手段增进一个人的权力、影响力财富，在 17 世纪得到了普遍使
用，并且很快被那一时期伟大的道德学家和其他作家用于对个体
人性的细致分析。这些作家关注的场景通常是路易十四的宫廷，
演员的"利益"所在与那位君主本人大致相同：不但有财富，还
有权力和影响力，甚至可能是以后者为主。因此，利益常常在十
分宽泛的意义上使用。不过即使在当时，它的含义也因某种过程
而收窄，变成了对物质和经济好处的追求，这是英国史和法国史
趋同的起点。可以从拉罗什富科为其《箴言录》（*Maximes*）第二
版（1666 年）所写的序言"给读者的建议"中看出：

---

①　Gunn, *Politics*, Chapter 5 and p.265. 这与维纳的著名论断并无不一致之处：权
　　力与富裕是重商主义时代外交政策的两个同等重要的目标。参见 Jacob Viner,
　　"Power versus Plenty as Objectives of Foreign Policy in the Seventeenth and
　　Eighteenth Centuries," *World Politics*, Vol.1 (1948), reprinted in D. C. Coleman,
　　ed., *Revisions in Mecantilism* (London：Methuen, 1969, p.61—91。

> 说到利益一词，我并不总是理解为有关财富的利益（*un intèrêt de bien*），而是在大多数情况下把它理解为与荣誉或荣耀有关。[43]

这种为防止误解而做出的提醒，是这篇简短序言唯一的真正主旨所在。显然，就《箴言录》的普通读者而言，"利益"一词已经开始有了经济上的好处这种更为狭隘的含义。

39

大约与此同时，黎塞留的秘书和辩护者让·德·西隆（Jean de Silhon）在一本书中也遗憾地提到利益一词这种含义的演化。他强调利益在维持生命和社会中发挥的积极作用。他列举了不同的利益——"道德的利益、荣誉的利益、健康的利益、财富的利益和其他一些利益"，然后将附着于"利益人"（*un homme intéressé*）这种说法中令人不快的涵义归因于这样的事实："我不明白为何利益一词总是只跟财产或财富的利益（*intèrêt du bien ou des richesse*）挂勾。"[44]

这种变化事实上该如何解释呢？这大概是利益与借钱之间的古老联系所致。*利益的这一含义要比这里所讨论的含义早数百年。还有一种可能是，暗含于利益概念中的理性计算同经济活动的性质有着特殊的亲和性，这可以解释经济活动为何最终垄断了利益概念的内涵。回到 17 世纪的法国，人们也可以推测，当时

---

*   英语中的 interest 和法语中 intèrêt 也都有"利息"义。——译者注

权力过于集中，而且看来相当稳固，经济利益就成了普通人全部愿望的唯一内容，人的大起大落都可由此得到体现。

实际上，当亚当·斯密讨论他视为人类行为压倒一切的动机，即"改善我们的生活状况的欲望"时，将上述后一种观点宣布为一般前提：

> 增加财富是大多数人希望借以改善自身状况的手段。这 40
> 是最普通、最明显的手段……[45]

一旦经济增长开始让越来越多的人"增加财富"变得真正可能，利益一词的狭义化就无需其他解释了。①

现在有一点很清楚了，当人们的利益与他们的欲望相对立时，这种对立会有十分不同的含义，它完全取决于是广义还是狭义地理解利益。"利益不会撒谎"这一类格言，最初是一种劝告，让人们以有序理性方式追求自己的**一切**愿望。它主张给人类行为注入精明的和计算效用的因素，无论这种行为是以什么欲望作为

---

① "腐败"（corruption）一词也有类似的语义演化过程。在马基雅维利的著作中，corruzione 一词取自波利比乌斯，是指政府品质的败坏，不论它是因何而发生。在 18 世纪的英国，"腐败"一词在这种广义上使用，尽管当时它也被等同于受贿。最后，这个词的金钱含义几乎完全驱逐非金钱含义。"财富"（fortune）一词也发生了同样的事情。在刚才引用的那段话中，亚当·斯密在严格的金钱意义上使用"财富"一词。这与该词在马基雅维利著作中更为宽泛的含义形成了对比。参阅 J. G. A. Pocock, "Machiavelli, Harrington, and English Political Ideologies in the Eighteenth Century," *William and Mary Quarterly* 22 (Oct. 1965), pp.568—571, 和 *The Machiavellian Moment* (Princeton, N. J.: Princeton University Press, 1975), p.405。

基本动机。但是，由于前面提到的"利益"一词的语义变化，利益和欲望的对立可能表示或传达另一种思想，从传统的价值观来看它更加令人吃惊：**一些欲望，如过去人所熟知的贪心、贪婪或贪财，可以被用来有效对抗和约束另一些同类的欲望，如野心、贪权或性欲。**

这时，前述欲望相互制衡的思想传统便同利益学说结合在了一起。这两种学说皆源于马基雅维利，然而最终结果——把贪婪提升为享有特权的欲望，赋予它驯化其他野蛮欲望并为治国术作出贡献的使命——却会让他感到震惊和愤怒。在致友人弗朗西斯科·维托利的著名信件中，马基雅维利丝毫也不怀疑自己的信念，经济学与政治学分属于两个不同领域：

> 既然我不知如何思考丝织业或毛纺业，不知如何思考盈亏，所以命运女神的昭示是，我适合于思考国家问题。[46]

马基雅维利这样认为，构成这里所描述的思想链条之重要环节的其他许多作家同样也这样认为。一般而言，故事讲到目前为止，已揭示出人类思想（和通过语言赋予它的形式）所引起的意外结果，不亚于人类行为引起的意外结果。在 17 世纪出版的论述欲望的无数著作中，对贪婪的评价看不到任何变化，它被视为"恶欲之首"，或"七宗罪"（Deadly Sins）中最严重的一宗，这种观点直到中世纪末一直居于主导地位。[47] 然而，一旦赚钱被贴

上"利益"的标签，披着这种伪装重新开始与其他欲望竞争，它
却突然受到了称赞，甚至被赋予抵制另一些长期被人认为不必过
于指责的欲望的使命。仅仅指出一个相对中性和平淡的新词可以
用来消除或减少旧标签的污名，似乎不足以解释这种变化。我们
的阐述提供了一个更有力的解释，"利益"一词实际上传递着一
种**正面的、救治时弊的**涵义，从而也赋予了"赚钱"这种涵义，
它来自该词同另一种观念的结合，即以更开明的方式处理人类的
事务，无论它是公共事务还是私人事务。

作为新范式的利益

就我所知，利益与欲望相互对抗的观点，始见于前面提到的罗
昂那本通篇讨论统治者和政治家的著作。在此后数十年间，讨论这
种对立的一些英国和法国的作家，将它运用于人类的一般行为。

这种讨论的场合是思想史上人所熟知的事情：利益的观念一
出现，就变成了一种真正的时尚和范式（借用库恩的说法）。突然
之间，人们用自利来解释人类的绝大部分行为，有时甚至到了喋喋
不休的地步。拉罗什富科把欲望和人类的几乎所有美德都解释成自
利，英国的霍布斯也做着类似的还原论工作。与这些发展相一致，
最初的格言"利益不会撒谎"具有了规范性的涵义，人们应当仔细

42

43   确定利益，然后参照另一些可以想到的、受其他动机驱使的行为过
程去追求这种利益，然而到了 17 世纪末，它却变成了武断的谚语
"利益主宰世界"。[48] 痴迷于将利益作为理解人类行为的钥匙这种
态度延续到了 18 世纪，当时爱尔维修虽然赞美欲望，但是宣称：

> 就像物质世界受运动定律支配一样，道德领域受利益定
> 律的支配。[49]

就像突然进入舞台中央的概念——例如阶级、精英、经济发
展这些晚近的事例——时常发生的情况一样，利益也成了一个不
证自明的概念，没有人费心去准确界定它的含义。也没有人去解
释利益一词与柏拉图以来一直主宰着人类行为动机分析的两个范
畴——一方是欲望，另一方是理性——的关系中所处的位置。然
而，正是在这一传统的对立背景中，才能理解第三种范畴在 16
世纪末和 17 世纪初的出现。只要认为欲望具有破坏性，而理性
是无效的，那么认为只能用欲望或理性来解释人类行为的观点，
便只能意味着对人性过于沮丧的看法。因此，将利益置于人类动
机的两个传统范畴之间，便给人带来了希望。实际上，利益被认
为兼具两个范畴的好品质，它既提升了自爱的欲望，又为理性所
容纳，理性为它提供方向，欲望为它提供力量。由此产生的这种
44   人类行为的混合形式，被认为既摆脱了欲望的破坏性，也克服了
理性的无效性。无需奇怪，利益学说在当时是作为一种真正的救

世福音而被人接受的！我将在下一部分详细考察它具有如此感召
力的具体原因。①

　　当然，并不是人人都相信一切问题都已解决。最初有些人抵
制对这种新学说的吹捧，完全拒绝接受它。作为圣奥古斯丁的狂
热崇拜者，波舒哀几乎看不到欲望与利益之间有何区别。在他看
来，"利益和欲望使人堕落"，他告诫人们抵制宫廷的诱惑，那里
既是"利益的帝国"，也是"欲望的剧场"。[50]

　　不过如此否定的态度只是例外。一般说来，这种新学说的批
评者仅仅怀疑，理性而精明的"自爱"这个意义上的利益是不是
欲望的对手。斯宾诺莎就持这种观点：

> 　　所有人确实都追求自己的利益，但很少受健全的理性支
> 配；在大多数情况下，嗜好是他们唯一的向导，他们在追求
> 和判断对自己有利的事情时被自己的欲望所裹挟，丝毫不顾
> 及未来或其他任何事情。[51]

　　还可以看到利益的优点引起争议的其他事例，主要理由不是
欲望超强的干预能力，而仅仅是人们没有能力理解自己的利益。　45
但其中仍有这样的论断，清醒地理解利益并加以追求的状态最值

---

① 因此，路易斯·哈茨采用了一种非历史的观点，他谈道，"自由主义对人持一种
阴暗的看法，认为人是在自利的基础上自动地工作"，并将这种悲观主义观点
与"封建时代的阴暗观点"相比较，后者认为"人只适合于接受外界的支配"。
见 Louis Hartz, *The Liberal Tradition of America* (New York：Harcourt, Brace and
World, 1955), p.80。最初人们一点也不觉得人类受利益支配这种思想是阴暗的。

得赞赏，正如哈利法克斯侯爵下面这段讽语所示：

> 如果必须把人们设想为总是追求他们真正的利益，这意味着全能的上帝要重新造人；必须有新的黏土，旧材料还无法造出一种永不犯错的动物。[52]

在法国，红衣主教雷兹（Cardinal de Retz）对这种新学说表达了敬意，但他以细腻的心理学智慧告诫人们，千万不要拿欲望不当回事：

> 对于准确评价人们的意图来说，最正确的定理是考察他们的利益，这是他们的行为最常见的动机。但是真正精明的政治家不会完全排除从人类欲望中得出的推测，因为欲望会进入推动着国家大事的动机，有时是公开的，但几乎总是无意识地发挥着影响。①

46　　像斯宾诺莎和哈利法克斯一样，雷兹在这里似乎仍然觉得，欲望的干扰使世界变得缺少秩序，这不如仅受利益支配的情况。

---

① Cardinal de Retz, *Mémoires*（Paris：Pléiade, NRF, 1956), p.1008—1009. 雷兹在另一处地方也有类似的话："在我们生活的时代……要判断人们可能会有什么行为，必须将他们的欲望和利益结合在一起看。"同上，p.984。一个多世纪后，另一位务实的（并善于思考的）政治家亚历山大·汉密尔顿也表达了与之惊人相似的观点："虽然国民是受他们所认为的自身利益所支配，但是，如果一个人不明白（善或恶的）品性可能不知不觉地塑造或影响自利的观点……那么他对人性并不十分精通。"转引自 Gerald Stourzh, *Alexander Hamilton and the Idea of Republican Government*（Stanford, Calif.：Stanford University press, 1970), p.92。

若干年后，拉布吕耶尔（La Bruyère）大体同意雷兹赋予利益和欲望的分量，认为它们是人类行为的决定因素，同时他明确辨识出一种"三方角力"（*ménage à trois*）的新情况：

> 对欲望来说，没有什么比击败理性更容易的事了：欲望的大胜是它占了利益的上风。[53]

有意思的是，拉布吕耶尔在这里摆出一副临床医生的超然姿态；较之前面引述的观点，他对欲望偶然战胜利益并未流露出任何沮丧。

在 18 世纪，利益至上的观点遭到了更猛烈的批评。下面是两段典型的论述，前一段来自沙夫茨伯里，后一段来自巴特勒主教：

> 你们已经听说过……**"利益主宰世界"**这句流行语。不过我认为，凡是悉心观察世事的人皆会发现，**欲望、情绪、任性、热情、派别**和其他数以千计与**自利**相对立的动机，都在这部机器的运转中发挥着可观的作用。[54]

> 我们每天都看到［合理的自爱］败下阵来，打败它的不仅有更狂暴的欲望，还有好奇、羞耻、模仿欲，不一而足，甚至还有懒惰；假如利益、作为这种自爱之目的的世俗利益遥遥无期的话，那就更是如此。如果放荡不羁之人断言自己　　47

完全受利益和自爱所左右，他们是大错而特错了。[55]

对于这两段话中的新要点，必须根据 17 到 18 世纪对欲望的态度发生的重大转变加以解释。欲望最初被视为全然是邪恶和破坏性的，正如一本法国教义书中的下面这段话所示："法兰西王国并不是暴政之国，后者的君主的行为只受他的欲望支配。"[56]但是，欲望在 17 世纪末时逐渐恢复了名誉，被当作生命的本质和潜在的创造性力量，这在 18 世纪表现得更为充分。在早期，认为人类行为完全受其利益的主张受到批评，其理由是仍然需要重视欲望的作用，这种批评假定世界是一个比这种主张所暗示的**更为糟糕**的地方。但是随着欲望在 18 世纪恢复了名誉，同样的批评可以意味着，一个欲望活跃且偶尔得势的世界，要**胜过**由利益单独发号施令的世界。沙夫茨伯里和巴特勒将欲望与情绪和好奇心这类无害的、甚至有益的情绪相提并论，就暗示着这种解释。到了启蒙运动时期，这种看法的来源是人们拒绝了 17 世纪那种对人和社会的悲剧性和悲观主义的典型观点。这种新观点将欲望视为可以**改进**只受利益支配的世界，休谟对此有充分的阐述：

> ……国家的理由被认为是唯一影响君主阁僚的因素，但它并不总是占支配地位的动机；……感激、荣誉、友情、慷慨大度等更为温和的观点，经常能够制衡这些自私的考虑，无论对君主还是私人而言都是如此。[57]

　　不言而喻，一旦利益的含义仅限于指物质利益，"利益主宰世界"这种思想的感召力必定丧失大半。事实上，当席勒的戏剧《华伦斯坦之死》(*Wallensteins Tod*) 中的一个人物说出下面这句话时，这句格言已经变成了一声叹息，或者是对犬儒主义的谴责：

> Denn nur vom Nutzen wird Welt regiert.
>
> （因为唯有利益主宰着世界。）①

　　这显然是那句 17 世纪格言的转译，席勒很可能得意于将它用于一部涉及那个时代事件的戏剧。唯一的麻烦是，他赋予这句格言的讽刺性含义——与 18 世纪的意识形态潮流相一致——完全不同于它在华伦斯坦时代的含义！

受利益支配的世界之优点：可预见性和持久性

　　可以把利益视为主导着人类行为的动机，这种信念引起了智力上的兴奋：终于为有活力的社会秩序找到一个现实主义基础了。但是，一个受利益支配的世界，使人们不仅摆脱了对"从未　　49

---

① 　Act I, Scene 6, Line 37. 由于这里加进了"唯有"(nur) 一词，使这句格言的含义发生了很大变化。

见过，也从不知其存在"的模范国家的奢望，而且能够领悟到它自有一些特殊的可贵之处。

最一般的可贵之处是**可预见性**。马基雅维利曾表明，从人性不变的假定中，可以推导出一些十分可靠的政治主张。[58] 但是他的判断过于悲观，难以被广泛接受：这可由《君主论》(*The Prince*) 第 17 章那段过于极端的表述来证明，他说人皆"忘恩负义、饶舌、虚伪、伪善，怯懦和贪婪"。认为人类总是受利益引导的思想得到了更为广泛的接受，对这种思想即使有很轻微的厌恶，也可以在按此行事让世界变得更有可预见性的想法的安抚下而得到消除。"利益不会撒谎"的小册子便强调了这一点：

> 如果你能领悟某人的任何具体活动到底利益何在，而那人又十分精明，你便可以确知如何与他打交道，亦即如何判断他的计划。[59]

在英国王政复辟之后，一些主张宗教宽容的文献中亦有类似的思想。有本小册子说：

> ……对照百姓自身的利益去推测他们的行为——这是通晓人间事务的万全之策。[60]

后来，斯图亚特爵士也用同样的理由论证说，受自我利益支配的个人行为不仅比受欲望支配的个人行为更可取，甚至比符合道德的行为更可取，在关系到"被统治者"的公共利益时更是如此：

> 如果每天都有奇迹发生，自然法则将不再成其为法则；　50
> 如果人人皆大公无私，政治家将不知所措……
>
> ……如果人民都变得完全不顾私利，那将不可能对他们
> 进行统治。每个人都可能以不同的眼光来看待自己国家的利
> 益，许多人致力于增进国家利益，有可能合力将它毁掉。[61]

可见，一方面，如果一个人追求自身利益，那么按"利益不
会对他撒谎或欺骗他"的定义，他会做得不错[62]——这也正是
这句格言的意义所在。另一方面，他追求自身利益对别人也有好
处，因为他的行为过程将因此变得透明和可以预见，使他仿佛像
个道德上的完人。由此一种相互得益的可能性便因利益的预期作
用而出现了，这**在政治学中**要比它变成经济学的教条早得多。

当然，这种观点也存在着一些严重的难题。例如，当时就能
听到权力的不可预见性这种现代观点。萨缪尔·巴特勒一般来说
支持利益学说，但他认为政府中的愚蠢无能之辈

> 比聪明人更有优势，此事非同小可，因为谁也无法事先
> 猜测或想象他们在任何将要发生的事务中可能采取什么行
> 动，而聪明人是根据自己的利益进行理性的筹划，所以对他
> 们可能做什么不那么难以预见。[63]

51   对于所有各方都坚定追求自身的利益可以导致相互得益的可能性，更有分量的反对理由来自这样一个事实：国际政治中主要当事国的利益往往尖锐对立。一个大国的利益映射出它的主要对手的利益，例如在法国和西班牙之间，罗昂在他的著作中对此有冗长的讨论。然而，即使在这种情况下，仍然可以认为，双方遵守按照理性追求利益的要求，服从某些游戏规则，消除"情绪化"行为，对它们仍然是有好处的。

　　如果把这种学说应用于国内政治，全赢的可能性会变得更大一些。就像"利益"本身一样，利益**平衡**的观点在英国也从最初的治国术背景——它在这里导致"权力平衡"概念的产生——转移到了冲突不断的国内舞台。王政复辟之后，在辩论宗教宽容期间出现了许多有关存在着多样化的利益、它们之间的某种对抗有益于公共利益的讨论。[64]

　　不过，当把这种观点与个人经济活动联系在一起加以运用时，基于利益的人类行为的可预见性所带来的好处得到了最充分的彰显。即使仅仅因为参与者数量众多，商业中的利益对立也不可能像两个邻国或国内几个敌对的政治或宗教团体造成的情况那样具有全面而明显的危险性。因此，个人根据他们的经济利益采

52   取可预见的行动，其副产品不是不易维持的**平衡**，而是一个由相互依赖关系构成的强大**网络**。所以人们期望国内贸易的扩张将创造出更具凝聚力的共同体，而国际贸易将有助于避免它们之间的战争。

这里可以插上几句有关经济史学的简要评论。论述重商主义学说的著作坚持认为，休谟和亚当·斯密之前的经济思想都把贸易看作一种严格的零和游戏，出口超过进口的国家获益，处境相反的国家相应受损。但是，全面考察一下 17 和 18 世纪有关商业和贸易的思想，而不是只看有关贸易平衡的讨论，谁都会得出以下结论：人们普遍期望从商业扩张中取得**全赢的**有益结果。许多这样的结果是政治的、社会的甚至道德的，而不是纯粹商业的。其中一些结果我将在本书后面的部分加以评论。

可预见性最基本的形式是持久性，受利益支配的世界受到欢迎，也许最重要的理由就是它的这个特点。人们常常强调大多数情绪化行为的古怪无常的特点，并且将它视为最令人反感和最危险的特点之一。欲望是一只"潜水鸟"(霍布斯语)，它反复无常，容易筋疲力尽，又能突然恢复活力。按斯宾诺莎的说法：

> 如果人们受到欲望的煽动，他们彼此之间在天性上都会变得彼此不同……如果一个人受到欲望的煽动，则此人也会表现得变化无常。[65]

马基雅维利和霍布斯对人性（和对由此产生的"自然状态"）的极端悲观主义在 17 世纪下半叶让位于更温和的观点之后，欲望的**不稳定性**实际上变成了创建有活力的社会秩序时面对的关键难题。17 世纪主要的社会契约学说之一，即普芬道夫（Pufendorf）

53

的学说，仍然以霍布斯的方式引用了一些认为人类有"贪欲和野心"的观点，但是他认为需要社会契约是基于这样一个事实：人类反复无常，不堪信任，"人与人之间的典型关系是一种'不稳定的朋友'关系"[66]。

洛克基本上接受了这种学说，他曾明确承认普芬道夫对自己的政治思想的影响。[67] 洛克构想出一种自然状态，即使它不像一些批评者所说的"如田园诗一般"，至少显然不那么原始，它存在着私有财产、继承权和商业，甚至还有货币。但是，正是由于洛克的自然状态这种奇特的"先进性"，所以必须借助于能够确保其成就永久存在的契约来保护它。洛克式的契约意味着消除"[人们在自然状态中]面对的麻烦，即每个人都不讲规则、缺少确定性地行使他拥有的惩罚他人侵权行为的权力……"[68] 洛克还说过，"被统治者的自由"意味着"不必服从他人无常的、含糊的、未知的专断意志"。[69] 因此，一般的不确定性和人类特有的反复无常，成了需要消灭的大敌。洛克没有诉诸利益去管束不稳定状态，但是在他试图建立的国家同 17 世纪的利益支配世界这种观念之间，存在着明显的亲和性。因为当人们追求利益时，可以期待或假定他们是专心致志和有条不紊的，这与受到欲望驱动和蒙蔽的人的惯常行为完全相反。

事情的这个方面也有助于我们理解原初广义上的利益与一种具体欲望（即贪财）的最终对接。因为使这种欲望有别于其他欲望的公认的特点，恰恰在于它的稳定性、持久性和一致性，它不会因时因人而异。休谟在一篇讨论贪财的文章中不屑于将它伪装成"利益"，而是径直称为"固执的欲望"，[70] 他在另一篇文章中说得明白：

> 贪婪，或曰爱财，是一种普遍的欲望，无论何时何地何人，它都会发挥作用。①

休谟在《人性论》中专门将"爱财"和其他欲望做了对比，前者具有"持久性"和"普遍性"的特点，而像嫉妒和报复等其他欲望"只是偶尔起作用，只针对具体的人"。② 萨缪尔·约翰逊在《拉塞拉斯》(Rasselas) 中提供了另一个对比性的评价。阿比西尼亚王子在讲述自己的囚禁生活时说：

> 我的处境不再那么可怕了，因为我发现阿拉伯人入侵这个国家只是为了获得财富。贪婪是一种普遍而易于驯化的罪恶；其他理智反常的表现则因精神气质的不同而不同；满足

---

① *Essays Moral, Political, and Literary*, ed. T. H. Green and T. H. Grose (London: Langmans, 1898), Vol.1, p.176. 可以将它与休谟在另一篇论文中对爱的描述做一对比："爱是一种不安宁和无耐心的欲望，充满了任性与多变；它瞬间浮现于表情和神态中，来得缘无故；它突然之间又会以相同的方式消失得无影无踪。"(p.239)

② *A Treatise of Human Nature*, Book III, Part II, Section II. 这种对贪婪相对赞许的态度，出现在休谟说明公民社会的存在这一背景中。最初，获取的欲望强度和普遍性最先是被作为对社会的威胁提出来。休谟接着说明了这种避免这种威胁"可以通过思考，因为显而易见，抑制欲望能够更好地满足欲望……"(参见本书第25页)。

这个人自尊的事会伤到那个人的自尊；对付贪欲却有一种现成的办法：带上钱，一切都可化解。[71]

孟德斯鸠也注意到了积累财富的欲望具有明显的持久性和顽固性：

一笔生意带来另一笔生意；小生意发展成中等生意，中等生意又变成大生意；很想挣到一点钱的人，都是将自己置于一种渴望挣大钱的境况之中。[72]

在这里，孟德斯鸠似乎对金钱是现代经济学中著名的边际效用递减规律的一个例外颇为惊叹。大约 150 年后，德国社会学家格奥尔格·齐美尔就这一问题做过一些启发性的评论。他说，人类欲望的满足通常意味着对欲望的对象和经验的所有不同方面的亲密体验，这种体验造成欲望与实现之间众所周知的落差，它最常见的表现形式便是失望；然而对一定数量的金钱的欲望一旦得到满足，唯独它不会带来失望，**其条件是这笔钱不花在购物上，而是将它的积累变成目的本身**，因为"[金钱] 作为性质绝对卑下之物，不像任何东西，不管多么可耻，它既不能隐藏惊喜，也不能隐藏失望"。[73] 齐美尔这种心理学解释可能借鉴了休谟、孟德斯鸠和约翰逊博士的观点，他们对贪财这种性质独特的欲望的持久性显然很着迷。

　　"财迷心窍"（*auri sacra fames*）**不知餍足**，常被视为这种欲望最危险、最应谴责的一面。由于霍布斯之后的思想关于人类之不稳定性的成见，通过一种奇怪的曲解，贪得无厌现在变成了一种美德，因为它意味着持久性。然而，想让这种价值评估的激烈转变令人信服，让根深蒂固的思维和判断模式暂时失效，还必须赋予这种"顽固的"贪财欲望一种特性：无害性。

赚钱和商业既无害又温和得体

　　对"利益的欲望"（休谟语）所特有的持久性的洞见，易于让现代读者觉得是一种令人惊悚的警告，因为他们立刻会想到，能量如此强大的动机有可能将横扫其前进道路上的一切障碍。一个世纪之后，这种反应在《共产党宣言》（*Communist Manifesto*）中得到了最生动、最著名的表达。其实，在 18 世纪初的英国已经可以听到一些这类警告，该国 1710 年的银行危机、1720 年的"南海泡沫"和沃尔波尔*时代普遍的政治腐败，都让人们担心金钱正在瓦解旧秩序。沃尔波尔的托利党对手博林布鲁克（Bolingbroke），对当时的股票掮客和"暴发户"(nouveaux

57

---

*　沃尔波尔（Robert Walpole, 1676—1745）：英国 18 世纪政治家，长期担任内阁大臣，被后世视为英国现代史上的第一任首相。——译者注

riches）有过为数不多的抨击，甚至在他主办的报纸《手艺人》
（*Craftsman*）上谴责说：金钱所扮演的角色，"是比荣誉、友情、
亲情、血缘或所有情感的总和更为持久的纽带"。① 然而只是到了
18 世纪后半叶，这种情感才在苏格兰作家（尤其是弗格森）以及
法国的马布利（Mably）和摩莱里（Morelly）那里有了一定的意
识形态重要性。在 18 世纪的大多数时间，英国和法国对"爱财"
的主要评价是正面的，尽管略带轻蔑，例如上文引自《拉塞拉斯》
中的那句话（"……阿拉伯人入侵这个国家只是为了获取财富"）。

　　约翰逊博士也做过相关的著名点评，它对我们的论题有着特
殊的启发意义：

58
　　　　几乎没有比使人忙于赚钱更无害的方法。[74]

　　这句格言清楚地表明，受利益驱动的行为和赚钱被看作优于
受欲望引导的日常行为。欲望是狂野而危险的，而追求个人物质
利益是无害的，或者像今人所说，是无罪的。这是对我们所讨论

① 转引自 Isaac Kramnick, *Bolingbroke and His Circle: The Politics of Nostlgia in the Age of Walpole* (Cambridge, Mass.: Harvard University Press, 1968), p.73。该书第 3 章大体上将博林布鲁克描写成了一个早期的"平民主义"政治家。科拉姆尼克可能过分渲染了这一点，他在第 3 章结尾不得不借助于休谟来控诉那个时代的某些财政改革。对博林布鲁克反对意见的不同观点，参见 Quentin Skinner, "The Principles and Practice of Opposion: the Case of Bolingbroke versus Walpole," in Neil McKendrick, ed., *Historical Perspectives: Studies in English Thought and Society in Honour of J. H. Plumb* (Londari: Europa, 1974), pp.93—218；和 J. C. A. Pocock, "Machiavelli", pp.577—578。波克克认为，与市场的增长相比，博林布鲁克更担心王室和首相手中所握有的权力，因为这种权力必然导致他们支配更多的财力。

的观念谱系的一个鲜为人知但颇具启发意义的概括。

经商和赚钱是无害的，这个评价可以被理解为长期占支配地位的贵族理想的一个间接结果。如前所述，当这一理想的信仰已经严重动摇，"英雄"已被毁灭之时，长期遭受污名化的商人的声望并未相应上升；商人是卑鄙下贱、枯燥乏味之徒的看法，仍然久久挥之不去。

甚至有人怀疑，就商业本身的赚钱目的而言，它是不是一个有效的手段——晚至 18 世纪中期，沃夫纳格的惊人警句便反映着这种怀疑："利益赚到的财富寥寥无几。"[75] "尊贵之人靠征战获得财富，要比卑贱之人靠劳动挣钱更光荣，**更快捷**"，当西班牙人从"大征服"（Reconquest）中崛起时，这被称为他们特有的基本信仰，[76] 而且这种想法得到了广泛接受。尽管有许多相反的证据，但正是对经济活动的这种蔑视使人们确信：它在人类付出努力的任何领域都不可能有多大潜力，不会带来大善**或大恶**。在人们正寻找办法限制他们易于相互造成的伤害和恐怖的时代，商业和经济活动得到了更为友善的对待，这并不是因为他们对这种活动的敬意有所增加。恰恰相反，对它们的任何偏好都反映着一种避免（灾难性）崇高伟大的愿望，因而也反映着一种仍在继续的蔑视态度。从某种意义上说，资本主义的胜利就像很多现代暴君的胜利一样，很大程度上归因于人们普遍拒绝严肃看待它，或者拒不相信它能一展宏图、成就大业，这在约翰逊博士的言论

59

中表现得十分明显。

约翰逊关于"赚钱"无害的格言，在法国也有对应的表达。事实上，1669 年的法令绪言同样可以看到"无害"一词被用来描述商业活动：该法令宣布海上贸易与尊贵身份相容：

> 商业是致富的源泉，它富国惠民……获取财富最无害、最正当的办法莫过于经商……[77]

随后又流行起另一个乍看上去有点古怪的词。从 17 世纪末开始，就有许多关于商业活动"温和得体"（*douceur*）的讨论；众所周知，很难把它译成其他语言（例如"*la douce France*"这个说法），它具有甜蜜、温柔、平静和优雅等含义，是暴力的反义词。最早提到对商业这种定性的文字，就我所知，出现在雅克·萨瓦里（Jacques Savary）的《完美的商人》（*Le parfait négociant*）这本 17 世纪的商人教科书中：

> ［天意］不想让人类生活的必需品能在同一个地方找到。它把它的礼物散播于各地，所以人们要通过贸易加以收集，他们必须相互帮助的需要使他们之间建立起友谊。**这种所有生活用品的连续交换构成了商业，而商业使所有人的生活变得温和得体**……[78]

这段话首次阐明了"国际贸易的天赐利益"的观点，雅各布·维纳将它追溯至公元 4 世纪，[79] 但是萨瓦里所强调的最后一句话中提到"温和得体"，大体上属于他从事写作的那个年代。

　　对"温和得体的商业"最有影响的阐释者是孟德斯鸠。在《论法的精神》讨论经济问题的部分，他在开头一章便说：

　　　　……哪里有温和得体的风俗（*mœurs douces*），哪里就有商业；哪里有商业，哪里就有温和得体的风俗，这几乎是一条普遍规律。[80]

在同一章的后面他又说：

　　　　我们每天都可以看到，商业……使野蛮的风俗变得优雅而温和（*adoucit*）。

　　我们不太清楚，孟德斯鸠是否认为商业诱发"温和得体"的效果，是由商业在参与贸易活动的人们中间，或者扩而大之，在使用和消费通过贸易获得的商品的所有人中间，引起的变化造成的。无论如何，广义上的"温和得体"一词在法国之外也大受青睐。孟德斯鸠的著作出版 21 年后，苏格兰历史学家威廉·罗伯逊在自己的著作中几乎一字不差地照搬了上面提到的那段话，他在《欧洲社会进步概观》（*View of the Progress of Society in Europe*，1769 年）中写道：

　　　　商业倾向于使维持各国之间的差别和敌意的偏见逐渐消

失。它使民风**变得温和而优雅**。①

与"原始野蛮"的民族相对的"优雅民族"（polished nations）这一说法，18 世纪后半叶开始在英格兰和苏格兰得到普遍使用。它被用来特指西欧各国，它们的财富增长显然被认为与商业扩张大有关系。"优雅"（polished）一词之所以被选中，很可能是因为它与"温和"（*adouci*）一词密切相关；由于这种风气，商业的"温和得体"可能间接导致了一种二分式表达方式的首次尝试，它后来以"先进和落后""发达和欠发达"这类名目一再出现。

形容词"温和得体"（*doux*）的起源，很有可能从"**商业**"（commerce）一词的"**非商业**"（noncommercial）含义中发现：这个词除了生意的含义外，长期被用来表示一再发生的活跃的交谈，以及其他形式的人们之间礼貌得体的社交活动与交往（常常是两性之间）。② 在这个意义上，"doux"一词常常与"commerce"连用。例如，1769 年巴黎学院颁布的内部规章中便有这样的句子：

> 学生离开学院后要到社会上生活，因此要提前训练他们

---

① 这部著作原是罗伯逊的另一部著作《查里五世皇帝统治史》（*History of the Reign of the Emperor Charles* V）一书的序言。最近由费利克斯·吉尔伯特编辑出版并为之写了序言（William Robertson, *View of the Progress of Socieyt in Europe*, ed. Felix Gilbert. University of Chicago Press, 1972）。引用的这段话（着重体是我加的）出自该书第 67 页。罗伯逊在附于书后的"证据和说明"中提到了孟德斯鸠《论法的精神》一书中论述贸易的引论部分（见第 165 页），虽然他没有提到他从该书采用的那段话。
② 英语和法语中均有此义，参见 *Oxford English Dictionary*。

学会温和得体、轻松和诚实的交往习惯（un commerce doux，aisé et honnéte）。[81]

"doux"一词由此进入"商业"领域，被赋予更丰富的含义，用来表示礼貌、优雅风尚和有益于社交的一般行为。尽管如此，"温和得体的商业"（*le doux commerce*）的频频使用让我们觉得，这对于那个时代来说是一种奇怪的反常现象，因为当时奴隶贸易正值巅峰，普通贸易也仍然是一种带有赌博性质、常常伴随着暴力的冒险活动。① 一个世纪后，马克思恰到好处地嘲笑了这个说法。他在说明资本的原始积累时，讲述了欧洲商业扩张史上一些残暴的插曲，然后挖苦道："这就是'温和得体的商业'！（*Das ist der doux commerce*！）"②

商人是温和得体爱和平，没有侵略性的人物，这种形象的力量可能多少来自他同当时从事劫掠的军队和凶残的海盗的对比。但是这种形象可能还与人们看待不同社会群体的成见有很大关系，这一点在法国尤甚于英国：凡是不属于贵族的人，**注定**不具　　63

---

① 很多贸易和交换头脑的萨瓦里在，能够指出下面一点而与奴隶制达成妥协：对于奴隶来说，"种植烟草、糖料作物和槐蓝属植物……并非没有好处"，因为"给他们提供的真正上帝和基督教信仰，就是对失去自由的一种补偿"。转引自 E. Levasseur, *Histoire de commerce de la France*（Paris：A. Rousseau, 1911），vol. I, p.302。

② Karl Marx, *Kapital*, Vol. Chapter 24, Section 6. 这个词显然变成了马克思和恩格斯私下开玩笑的用语。1869 年，当恩格斯最终放弃与其家族纺织公司的联系，完全投身于社会主义运动时，他在给马克思的信中这样写道："嘿！今天标志着'温和得体的商业'的结束。我是个自由人了。"1869 年 7 月 1 的信，见 Karl Marx-Friedrich Engels, *Werke*（Berlin：Dietz, 1965），Vol.32, p.329。

备崇高的美德或狂暴的激情。总之，这种人只求利而不求名，人人都**知道**这种追求与贵族受激情驱使的消遣和残酷剥削相比，只能是"温和得体的"。

赚钱是一种平和的欲望

在 18 世纪的进程中，对经济活动的正面态度得到了新思潮的支持。尽管这种态度是基于 17 世纪阴暗的人性观，但它出色地经受住了随后的时代对那种人性观有增无减的尖锐抨击。

早期关于利益和欲望的观点受到各种批评。例如像前面所说，对人类完全受利益或自爱支配这种主张就有过激辩。同时对欲望进行了一些新的区分，以便将某些欲望描述得比其他欲望害处较小，尽管未必完全有益。通过这种方式，有益的欲望和有害的欲望（包括从前者中区分出的攫取欲的某些类型）的对立，变成了 17 世纪利益和欲望的对立在 18 世纪的对应表达，在英国尤其如此；但是这两种二分法的内容部分重叠，共存了很长一段时期。

主要是由于英格兰和苏格兰的道德哲学家，即从沙夫茨伯里到哈奇逊和休谟的所谓情感主义学派，① 在对霍布斯思想的批评

① 虽然亚当·斯密是该学派的重要成员，但他的论著《道德情操论》并未研究沙夫茨伯里和哈奇逊专门做了详尽论述的那些特定区分。他同样忽视了利益与欲望之间的区别。参见本书第 103—105 页）。

性回应中发展了这一新的思想路线。沙夫茨伯里的主要贡献是复兴或重新发现了他所谓的"自然情感",如仁慈和慷慨大度。区分出它们对私人利益和公共利益的影响,对他来说便不难证明这些美好情感对两者都有利。沙夫茨伯里然后讨论了那些不太值得赞赏的情感或欲望,将它们分为"私情"或"私欲"和"非自然情感"(例如兽性、嫉妒等)。前者致力于私人利益并可能导致其实现,但未必与公共利益有关;后者则既不会实现公共利益,也不会实现私人利益。对于每一种类型,他又进一步区分出适度的情感和过度的情感。看一看他试图把经济活动纳入这个概念框架时发生的事情很有意思。他首先将它们放在"私欲"的标题下讨论,但接着又论证说,它们不属此类欲望。

> 如果[获得财富的]念头是适度的,处于合理的范围;如果它没有引起狂热的追求,则此种情况下不存在任何有悖于美德的事情,甚至对社会也是适当而有益的。但是,即使它最终发展为真正的**欲望**,它给公众带来的伤害和祸患也不比它施于那人自身的更大。其实,这种人是自虐者,折磨自己更甚于折磨人类。[82]

65

可见,赚钱显然不适合归入"私欲"的中间类型:适度追求,它会上升为既能实现私人利益也能实现公共利益的"自然情感";过分沉迷,则会沦为于公于私皆无益的"非自然情感"。

弗朗西斯·哈奇逊简化了沙夫茨伯里的概念框架，他一方面区分出仁慈的欲望和自私的欲望，另一方面区分出平和的"意愿动机"和狂暴的"意愿动机"。在为说明后一种对立而举出的几个例子中，他也提到了经济活动：

> 为了做成一笔好生易，或获得一个报酬丰厚的职位，尽管不太情愿，平和的爱财欲望也会让人痛快地付出必要的代价。而贪婪之欲却会抱怨这种代价。[83]

哈奇逊在这里区分"平和的爱财欲望"[请注意，"平和"（calm）在英语中与 doux 同义］和贪婪的标准，不是欲望的强度，而是为更大的利益付出更高成本的意愿。因此，平和的欲望被定义包含着计算和理性的成分，可见它正相当于 17 世纪人们所理解的利益。

这种新说法有一个问题：对利益战胜欲望很容易表现为实例，但用语却使人更难以理解平和的欲望在与狂暴的欲望较量时如何能够占上风。休谟也采用了平和的欲望和狂暴的欲望的划分，他坦然面对这一问题，并用一句机智的话解决了它：

> 我们必须……区分平和的欲望和虚弱的欲望、暴躁的欲望和强壮的欲望。[84]

问题由此迎刃而解：合理获取财富之类的行为可归入平和的

欲望，这也是得到默许的欲望，同时又是能够战胜各种暴躁（但
也是虚弱的）欲望的强壮欲望。亚当·斯密对改善生活状况的欲
望有个著名的定义，它是"与生俱来，至死方休的欲望，**尽管一
般而言它平和而冷静**"，[85] 这里他所强调的正是攫取欲望的这种
双重特性。休谟在《论利益》（Of Interest）一文中举了一个平和
而强壮的欲望战胜暴躁欲望的具体例子：

> 一切勤勉事业的必然结果，便是爱财之心战胜享乐之欲。[86]

对于以爱财的名义提出的更为夸张的说法，下面会做简短的
考察。故事讲到这里，休谟的论述可以视为前面追溯的这一思想
运动的顶峰：在这里，资本主义得到了那个时代一位哲学领袖的
喝彩，因为它会减少人类的邪恶秉性，激发人类的善良秉性——
因为人们有这样的期待：资本主义由此便会抑制、大概还会减少
人性中导致灾难的破坏性成分。

注　释

[1]　*The Protestant Ethic and the spirit of Capitalism*, tr. Talcott Parsons
(New York：Scribner's, 1958), p.74.

[2]　见 Werner Sombart, *Der Bourgeois* (Munich：Duncker and Humblot,
1913)；Joseph A. Schumpeter, *History of Economic Analysis* (New

York：Oxford University Press，1954），p.91；和 Raymond de Roover，
"The Scholastic Attitude Toward Trade and Entrepreneurship，"已收入 de
Roover，*Business*，*Banking and Economic Thought*，ed. Julius Kirshner
(Chicago：University of Chicago Press. 1974)；另见 Kirshner 的导论，
pp.16—18。

[3]　见 Herbert A. Deane，*The Political and Social Ideas of St. Augustine*
(New York：Columbia University Press，1963)，pp，44—56。

[4]　同上，pp.52 and 268。

[5]　*Esprit des Lois*，Book III，Chapter VII. 除非另有注明，所有的翻译
都出自我本人。

[6]　对这两种思想传统之间的冲突的记述见 Maria Rosa Lida de
Malkiel，*La idea de La fama en la Edad Media Castellana*（Mexico：
Fondo de Cultura Economica，1952)。另见此书的法译本，它有一
个更恰当的标题：*L'idèe de la gloire dans la tradition occidentale*
(Paris：Klincksieck. 1968)。

[7]　同上，Chapters 1 and 2。对中世纪骑士风尚与文艺复兴时期贵
族理想的继承关系的强调，也可参见 Paul Bénichou，*Morales du
grand siècle*（Paris：Gallimard, Collection Idées. 1948)，pp.20—
23，和 Johan Huizinga，*The Waning of the Middle Ages*（New York：
Doubleday，1945)，pp.40 and 69ff，他对布克哈特的观点提出了
异议。

[8]　Bénichou，*Morales*，pp.15—79. 关于高乃依的英雄及其设想最
终全归于失败这个主题，参见 Serge Doubrovsky，*Corneille et la
dialectique du héros*（Paris：Gallimard，1963)。

[9]　这个铿锵有力的说法见 Bénichou，*Morales*，pp.155—180。

[10]　见 Keith Thomas，"Social Origins of Hobbes's Political Thought" in K.
C. Brown，ed.，*Hobbes Studies*（Oxford：Blackwell，1965)。他在这
篇与麦克弗森（C. B. Macpherson）论战的文章中提出了令人信服

的证明。

[11] Bénichou, *Moreales*, pp.262—267, 285—299.

[12] *The Prince*, Chapter XV.

[13] 见 the Introduction by Ricliard S. Peters to *Body*, *Man*, *Citizen*：*Selection from Thomas Hobbes*, ed. Peters（New York：Collier, 1962）。

[14] Part III, introduction.

[15] Pars. 131—132, in Giambatista Vico, *Opere*, ed. Fausto Nicolini （Milan：Ricciardi, 1953）.

[16] 见 Deane, *Political and Social Ideas of St. Augustine*, Chapter IV, 以及迈克尔·沃尔泽在下文中对加尔文政治思想的说明："The State as an Order of Repression" in *The Revolution of the Saints* （Cambridge, Mass.：Harvard University Press）, pp.30—48。

[17] *Scienza nuova*, pars.132—133；另参见 pars.130 and 135。

[18] *Works*, ed. J. Spedding et al.（London, 1859）, Vol.III, p.418.

[19] 同上，p.438。着重体是我加的。

[20] Leo Strauss, *The Political Philosophy of Hobbes*（Oxford：Clarendon Press, 1936）, p.92；Rachael M. Kydd, *Reason and Conduct in Hume's Treatise*（New York：Russell &. Russell, 1946）, p.116.

[21] Part IV, Prop.7. Translation by W. H. White, revised by A. H. Stirling （London：Oxford University Press, 1927）.

[22] Part IV, Prop.14.

[23] Part V, Prop.42.

[24] Kydd, Hume's Trmtise, pp.viii, 38, 56—162.

[25] *Treatise*, Book II, Part III, Section III.

[26] 同上，Book III, Part II, Section II。

[27] "Of Refinement in the Arts" in David Hume, *Writings on Economics*, ed. E. Rotwein（Madison, Wis.：University oF Wisconsin Press,

1970），pp.31—32.

[28] *Essays Moral*, *Political*, *and Literary*, ed. T. H. Green and T. H. Grose (London：Longmans, 1898），vol.1, pp.226—227.

[29] Franco Venturi, *Utopia e riforma nell'Illuminismo* (Torino：Einaudi, 1970），p.99. 作者在书中概述了这个条目的作者德吕埃不平凡的生涯。

[30] *Oeuvres complètes* (Paris：Hachette, 1968），Vol.I. p.39.

[31] *Système de la nature* (Hildesheim：Georg Olms, 1966, reproduction of 1821 Paris edition），pp.424—425.

[32] D. W. Smith, *Helvétius*, pp.133—135.

[33] *De l'esprit* (Paris, 1758），pp.159—160. 我加的着重体。

[34] 关于这个题目见 Arthur O. Lovejoy, *Reflections on Human Nature* (The Johns Hopkins Press, 1961），Lecture II："The Theory of Human Nature in the American Constitution and the Method of Counterpoise"；Richard Hofstadter, *The American Political Tradition and the Men Who Made It* (New York：Alfred A. Knopf, 1948），Chapter I："The Founding Fathers：An Age of Realism"；and Martin Diamond, "The American Idea of Man：The View from the Founding" in Irving Kristol and Paul Weaver, eds., *The Americans 1976* (Lexington, Mass.：D. C. Heth, 1976），Vol.II, pp.1—23.

[35] *Leviathan*, Chapter 13.

[36] Friedrich Meinecke, *Die Idee der Staatsräson in der neuern Geschichte* (Munich：R. Oldenbourg, 1924），pp.85ff.

[37] 同上，p.184。

[38] 同上，pp.52—55。

[39] 同上，p.211。

[40] *Analogy of Religion* in *Works* (Oxford：Clarendon Press, 1896），Vol. I, pp.97—98.

[41] *Characteristics of Men*, *Manners*, *Opinions Times*, reprint of 1711 edn. (Indianapolis：Bobbs-Merrill, 1964), pp.332 and 336. 着重体为原文所有。

[42] *Treatise*, Book III, Part II, Section II.

[43] La Rochefoucauld, *Oeuvres* (Paris：Hachette, 1923), Vol.1, p.30.

[44] Jean de Silhon, *De la certitude des connaissances humaines* (Paris, 1661), pp.104—105.

[45] *Wealth of Nations*, ed. E. Cannan (New York：Modern Library, 1937), p.325.

[46] 1513 年 4 月 9 日的信，见 *Opere* (Milan：Ricciardi, 1963), p.1100。

[47] 对法国 17 世纪文学的概述见 F. E. Sutcliffe, *Guez de Balzac et son temps—littérature et politique* (Paris：Nizet, 1959), pp.120—131。关于贪婪在中世纪的几宗大罪中排名顺序的变化，见 Morton Bloomfield, *The Seven Deadly Sins* (East Lansing, Mich.：Michigan State College Press, 1954), p.95。

[48] Gunn, "Interest", p.559, note 37.

[49] *De l'esprit*, p.53.

[50] *Potitique tirée dcs propres paroles de l'Ecrriture Sainte*, ed. J. LeBrun (Geneva：Droz, 1962). p.24, and A. J. Krailsheimer, *Studies in Self-Interest from Descartes to La Bruyère* (Oxford：Clarendon Press, 1962), p.184.

[51] *Tractatus theologico-politicus*, Chapter V, in Spinoza, *The Political Works*, ed. A. G. Wernham (Oxford：Clarendon Press, 1958), p.93.

[52] 哈利法克斯这句话转引自 Raab, *The English Face of Machiavelli*, p.247。

[53] *Les caractères* (Paris：Garnier, 1932), p.183.

[54] Shaftesbury, Characterisricks, p.76, 转引自 Jacob Viner, *The Role of Providence in the Social Order* (Philadelphia：American Philosophical

Society, 1972), p.70。

[55] *Analogy*, p.121, note.

[56] 引自 1649 年的一本教义问答，见 R. Koebner, "Despot and Despotism: Vicissitudes of a Political Term," *Journal of the Warburg and Courtauld Institutes* 14 (1951), p.293。

[57] *History of England* (London, 1782), VI. p.127；转引自 Giuseppe Giarrizzo, *David Hume politico e storico* (Turin: Einaudi, 1961), p.209。

[58] Felix Gilbert, *Machiavelli and Guicciardini* (Princeton, N. J.: Princeton University Press, 1965), p.157.

[59] Gunn, "Interest," p.557.

[60] Gunn, *Politics*, p.160.

[61] *Inquiry into the Principles of Political Oeconomy* (1767), ed A. S. Skinner (Chicago: University of Chicago Press, 1966), Vol.1, pp.143—144.

[62] Charles Herle, *Wisdomes Tripos* (London, 1655), 转引自 Gunn, "Interest," p.557。

[63] *Characters and Passages from Notebooks*, ed. A. R. Waller (Cambridge: University Press, 1908), p.394；另见 Gunn, "Interest," pp.558—559。

[64] Gunn, *Politics*. Ch. IV.

[65] *Ethics*, Part IV. Prop.33.

[66] 见 Leonard Krieger, *The Politics of Discretion: Pufendorf and the Acceptance of Natural Law* (Chicago: Chicago University Press, 1965), p.119。

[67] Perer Laslett, "Introduction," in John Locke, *Two Treatises of Government*, ed. Laslett (Cambridge: University Press, 2nd edn., 1967), p.74.

[68] *Two Treatises*, II, par.127.

[69] 同上, par. 22。

[70] *Essays*, Vol.I, p.160.

[71] Chapter 39.

[72] *Esprit des lois*, Vol.XX, p.4.

[73] *Philosophie des Geldes*（Leipzig：Dunckcr und Humblot, 1900），p.232.

[74] *Boswell's Life of Johnson*（New York：Oxford University Press, 1933），Vol.I, p.567. 日期是 1775 年 3 月 27 日。

[75] *Reflexions et maximes* in *Oeuvres*（Paris：Cité des livres, 1929），Vol. II, p.151.

[76] Salvador de Madariaga, *The Fall of the Spanish-American Empire*（London：Hollis and Carter, 1947），p.7. 着重体是我加的。

[77] 转引自 François de Forbonnais, *Recherches et considérations sur Les finances de France depuis l'année 1595 jusqu'a l'année 1721*（Basle. 1758），Vol.I, p.436。

[78] Jacques Savary, *Le parfait nérgociant, ou Instruction générale de taut ce qui regarde le commerce*（Paris, 1675），1713 edn., p.1. 着重体为原文所有。

[79] Viner, *Providence*, pp.36ff.

[80] *Esprit des lois*, XX. I.

[81] *Règlement intérieur du Collège Louis-le-Grand*（1769），p.36. 这份文献是 "18 世纪巴黎日常生活展" 展品第 168 号，巴黎国家档案馆，1974 年夏。

[82] *Characteristicks*, p.336.

[83] *A System of Moral Philosophy*, fasimile of 1755 edn. In *Works*（Hildesheim：Georg Olms, 1969），Vol.V, p.12.

[84] *Treatise*, Book II, Part III, Section IV.

[85] *Wealth of Nations*, p.324. 着重体是我加的。

[86] *Writings on Economics*, p.53.

第二章

对经济扩张改善政治秩序的期望

放任和鼓励个人的获取欲的主张，似乎是西方一种漫长的思想传统与17、18世纪知识氛围中一种重要成分的共同结果。然而，如果说"利益对抗欲望的命题"（interests-versus-passions thesis）不为人熟知，这在很大程度上要归因于它被1776年问世的划时代著作《国民财富论》所取代和湮没了。由于有待讨论的原因，亚当·斯密在为不受限制的对私人利益的追求进行辩护时，放弃了对利益和欲望的区分，他转而强调这种追求带来的经济利益，而不是它可能防止的政治危险和灾难。

这个命题不为人熟知，还可以推测它有另一个原因：必须以艰难的方式收集上述内容中那些零散的思想证据。我查阅了大量资料，试图证明这个命题属于迈克尔·博兰尼所谓"默会因素"（tacit dimension）的一部分，即被一个群体共同分享的主张和看法，在他们看来它不言自明，因此他们从未进行过充分或系统的表述。这种状况的一个典型特点是，一些重要作家——很有意思的是，也包括斯密本人——阐发了这种未经梳理的基本理论的一些具体应用或变种。其中一个特别重要的变种，就是以下所要论述的主题。

如前所说，这一命题的起源显然与治国术的研究有关。最需要抑制的欲望是权势人物的欲望，因为他的地位能让他造成大规模的伤害，而且与地位低下的人相比，人们相信他们有着更多的欲望。因此，这一命题最有意思的应用，是揭示权势人物的愿望、对荣誉的灾难性嗜好——总之是过分的欲望，如何受到他们及其臣民的利益的抑制。

在 18 世纪，这种思路的主要代表人物是法国的孟德斯鸠和苏格兰的斯图亚特。他们的基本观点被约翰·米勒所丰富，他是一个著名的哲学家、道德学家和社会科学家团体中的又一要员，该团体时常被称为"苏格兰启蒙运动"。重农学派和亚当·斯密同孟德斯鸠和斯图亚特有着某些共同的前提和关切，但他们的解决方案大相径庭。我把重农学派作为一个有着严格统一性的学术团体看待，实际情况也是如此，除这个学派之外，对上述每个思想家都将分别加以考察。我请读者注意他们的著作中尚未得到很多关注或研究的段落，所以有必要将这些段落与他们著作的其他部分联系在一起。只有通过这种方式，才有可能对这里选出的观点的含义和重要性有透彻的了解。

一种学说的主要内容

1. 孟德斯鸠

孟德斯鸠看到了商业的诸多优点，我也指出了他所主张的商
业扩张与温和得体风尚的传播之间的关系。在孟德斯鸠看来，商
业的文化影响是与它的政治影响同步发生的：在《论法的精神》
集中论述政治问题的第一部分，孟德斯鸠首先按古典共和主义的
思路论证说，通常只有当财富不过分充裕，或没有过分的分配不
均时，民主制才能存活。然而他接着就给这一原则提供了一个重
要的例外，即"以贸易为基础的民主制"。他说，这是因为

> 商业精神天然地会带来俭朴、节约、节制、勤劳、谨
> 慎、安分、秩序和纪律的精神。只要存在着这种精神，它所
> 获得的财富就不会产生任何坏的效果。[1]

这些话说得过于夸张，让人几乎禁不住要不理睬这种对商业
的赞美。但是，在这本书的后面，孟德斯鸠对商业有利于政治的
影响做了更详尽、更周密的理性论证。这种论证在很大程度上被
人忽视了，这里我将较为详尽地加以介绍。应当注意的是，较之
上述论证，这种论证不仅不限于商业对民主的影响，而且令人信

服地适用于其他两种政体，孟德斯鸠在他的著作中通篇都在讨论这两种他最为熟悉和关切的政体：君主政体和专制政体。

在《论法的精神》第 4 卷，孟德斯鸠讨论了商业（第 20、21 章）、货币（第 22 章）和人口（第 23 章）。他在第 20 章对很多不同的一般性论题，从"商业精神"到允许贵族涉足商业活动的可取性，提出了自己的看法。相反，孟德斯鸠在第 21 章只讨论了航海和商业史这一个主题，而且试图尽量如实描述它们。接下来，更引人注目的是，在他讨论"欧洲的商业如何从野蛮状态中产生"的这一章中，他突然提出一条一般原理。孟德斯鸠在这里首先描述了教会禁止收取利息如何阻碍了商业，因而它被犹太人所独占；犹太人如何遭受贵族和国王的暴行和不断的勒索；他们最终如何发明了汇票（*lettre de change*）以为应对之策。这一章的最后一节得出了令人难忘的结论：

> ……通过这种方式，贸易得以避开暴行，能够在任何地方维持下去。因为最富有的商人只有看不见的财富，它能够转移到任何地方而不留任何痕迹。这种做法使我们可以把一项巧妙的创新归因于统治者的贪婪，它使商业多少摆脱了他们的掌控。

自那时起，统治者不得不更加明智地治国，而他们本来并不想如此。因为由于这些事件，权力的肆意妄为（*les grands coups d'autorité*）已被证明是无效的……只有施仁政才能［给君主］带来繁荣。

我们开始摆脱马基雅维利主义，并将继续一天天这样做下去。治国部门需要表现得更加温和。通常所谓的"大变局"（*coup d'état*），在今天除了引起恐惧之外，只是轻举妄动而已。

73　这一节以下面的句子结尾，堪称本书主题的绝妙说明，我把它选作自己的卷首语：

幸运的是人们处在这样的境况之中，他们的欲望让他们生出作恶的念头，然而不这样做才符合他们的利益。[2]

这真是一个出色的概括，它基于一种期望：利益——即商业及其必然导致的汇票之类的结果——将抑制权势人物的欲望和欲望诱发的"恶行"。孟德斯鸠此书中的许多相关段落表明，他在第 21 章提出的这种观点，是他关于经济学和政治学之间关系的思想之重要组成部分。① 在接下来的一章（第 22 章）讨论君主的货币贬值政策时，他又提出了完全相同的观点。罗马皇帝热衷

---

① 利益与欲望的对立也出现在孟德斯鸠这部著作的其他地方："生活于持久的亢奋状态的民族，更容易被它的欲望而非理性所引导——后者从未对人类的头脑产生过强有力的影响，这使统治该民族的人让他们采取违背其真正利益的行动。"*Esprit de lois*, XIX, 27. 这段话摘自该书著名的一章，孟德斯鸠在这里以很大篇幅不指名地对英格兰做了相当系统的描述。就像拉布吕耶尔（见本书第 46 页）一样，在欲望、理性和利益这个三一体中，孟德斯鸠给理性安排了相对无能的角色。

于用这种做法牟利，但在更晚近的现代，货币贬值的效果适得其反，因为大量的外汇兑换和套汇交易将接踵而至：

> 这些粗暴的做法在我们这个时代不可能发生；君主只是　74
> 在愚弄自己，却骗不了任何人。外汇交易使银行家学会了对
> 全世界的货币进行比较，按它们的正确价值进行评估。……
> 这种做法摧毁了权力的肆意妄为，或至少使之不能得逞。[3]

由于这两种技术几乎以同样的方式导致对政治家的约束，使上述两种情形看起来更为相似：在前一种情形中是汇票，在后一种情形中是外汇交易。孟德斯鸠在他的说明中强调了汇票的重要性；"令人不解的是汇票这么晚才被人发现，因为人世间再没有什么东西比汇票更有用了"；[①] 在《论法的精神》中，他对财富做了大量分析，将其分为地产（*fonds de terre*）和动产（*effets mobiliers*），而汇票属于动产的一部分。[4]

在孟德斯鸠之前，斯宾诺莎出于政治目的也做过同样的区　75
分，也偏爱流动资本胜过固定资本。在《政治学》一书中，他甚

---

① *Mes pensées*, No. 753 in *Oeuvres complètes* (Paris: Galliard, Pleiade edn., 1949), Vol.1, p.1206. 由于汇票被认为是犹太人的发明以及它可能与高利贷有关，汇票长期受到怀疑，但这里对汇票的赞美并非不同寻常。半个世纪后，在讨论《拿破仑商法典》时，汇票条款的支持者声称："汇票已发明出来了。在商业史上，此事几乎可以与发明指南针和发现美洲相媲美。……它解放了流动资本，方便了它的流动，创造了巨大的信用。从那时起，除了这个地球本身的限制外，商业的扩张再也没有任何其他限制了。"引自 Henri Lévy-Bruhl, *Histoire de la lettre de change en France aux 17° and 18° siècles* (Paris: Sirey, 1933), p.24。

至主张包括房屋在内的所有不动产，"如果可能的话"都应是国家的财产。^[5]禁止私有财产的目的是避免无法化解的纠纷和无法消除的嫉妒：由于不动产数量有限，拥有这种财产的同一个社会的成员必然陷入此人之所得便是他人之所失的境况。所以，"不让公民拥有任何不动产……对于促进和平与和谐极为重要"。另一方面，商业和动产完全被视为有益的，因为它们所增进的"利益，要么相互依赖，要么需要用相同的手段加以促进"^[6]。斯宾诺莎认为，个人能够拥有的金钱数量仅仅受制于他付出的努力，这种努力反过来又导致个人相互之间的债务关系网络，它能够强化使社会结合在一起的纽带。^[7]下面将会证明，相对于地产和不动产而言动产变得日益重要，为一种同样的乐观主义政治猜测提供了基础，做出这种猜测的不仅有斯宾诺莎和孟德斯鸠，还有斯图亚特爵士和亚当·斯密。

对公债的增长和随之而来的政府债务或"公众股票"数量的显著增加，有着十分不同的态度，在此有必要略作介绍。一些英国和法国的作家，包括休谟和孟德斯鸠，认为这类动产的扩张有害无益。^①尽管从他们的论点中可以看到"真实票据"理论（"real

---

① 见 Montesquieu, *Esprit des lois*, XXII, 17 and 18；还有休谟的文章《论公债》(Of Public Credit)，见 David Hume, *Writings on Economics*, ed. Rotwein (Madison, Wis.；University of Wiscondn Press, 1970, pp.90—107)。休谟在文中描绘了假如允许公债无限扩张，英格兰将陷入可怖的政治状态："再也没有任何方便的办法来抵制专制；选举只受贿赂和腐败的支配；国王与人民之间的中间势力将荡然无存，残酷的专制主义必然出现。"(p.99)休谟和孟德斯鸠对这种事情的想法是一致的，见收录于 *Writings on Economics*, p.189 的摘录文字。

bills"doctrine）的因素，他们对公债扩张的批评主要还是基于政治考虑。事实上，他们的批评终归都是源于对政府权力膨胀的根本担忧，这使他们对其他动产（例如汇票）的增加持**正面**评价。后一类动产受到孟德斯鸠等人的欢迎，是因为他们期望以此限制"权力的肆意妄为"（*les grands coups d'autorité*）的愿望和能力。假如国库能够通过大规模举债，为它的各种措施提供财政支持，这只会加强政府的这种能力和一般权力。因此，这些作家既为汇票流通的增长喝彩，又为"公众股票"流通量的增长而哀叹，完全是一种前后一致的态度。

在说明汇票和外汇套利如何让权势人物对自己惯有的鲁莽和粗暴失去兴趣时，孟德斯鸠不过是遵循了他在《论法的精神》出版 23 年以前所写的短文《政治论》（On Politics）中为自己拟定的纲领：

> 在抨击政治时，直接证明实践与道德和理性有严重冲突是无济于事的。这种说辞可以令大家信服，却改变不了任何人……我认为最好采取迂回的方式，通过说明某些政治实践几乎没有任何用处，努力让大人物对其产生厌恶。[8]

由此可见，孟德斯鸠的核心政治原理使他探明并欢迎汇票和外汇套利可能带来的有益的政治影响，也使他夸大了这种影响。这些制度和做法很符合为他的著作的主要内容带来活力的政治关

77

切：找到一种方法以阻止不受限制的权力的滥用。他对权力分立
和混合政府的提倡来自他对权力制衡的探索；因为尽管结论大不
相同，他同意霍布斯的说法："每个掌权者都易于滥用权力，不
遇到阻碍他是不会罢休的。"[9] 孟德斯鸠在他的笔记本中抄录了
他在 1730 年读到的一段英文句子，它见于博林布鲁克的评论性
期刊《手艺人》(*The Craftsman*)：

> 权欲是人的天性。它从无止境，有增无减，不知餍足。①

所以他设想出权力分立原则和其他各种方法，因为正像他在
一段著名的话中所言：

78

> 要想消除权力的滥用，必须通过对事物的安排（*par la
> disposition des choses*），让权力阻止权力。[10]

用来限制权力无限膨胀的适当的"事物安排"(*disposition des
choses*)，主要是通过把各种制度性和宪法性的保障措施植入政
治体系而实现的。但是，这种安排为何没有纳入另一些可能有用
的因素？如前所述，孟德斯鸠在讨论经济问题时认为，贪欲就像
权欲一样，也是自我膨胀和不知餍足的。尽管他怀着严重的担忧

---

① *Oeuvres complètes*, Vol.2, p.1358. 罗伯特·莎克莱顿在追溯孟德斯鸠政治学说的
影响时，认为以下事实意义重大：孟德斯鸠"虽然在用一种外语做摘录时有些
困难，他还是在自己的笔记中亲手重述了有关权力的危险性的论点"。Robert,
Shackleton, "Montesquieu, Bolingbroke, and the Separation of Powers," *French
Studies*, 3 (1949), p.37.

看待权欲，但我们知道他从贪欲中只看到了"温和得体"。因此他寻求一些具体的方法，使贪欲能够与合理的"事物安排"接合在一起。在上面那个关键性的句子中，孟德斯鸠认为统治者的欲望是由他的利益驯化的，他在这里把当时流行的制衡欲望的观点与他自己的制衡权力的理论融合在了一起。他赞扬汇票和外汇套利作为宪法性保障的补充，作为对抗专制主义和"权力的肆意妄为"的堡垒；几乎不必怀疑，这些关于经济扩张带来有益的政治结果的论述，是对孟德斯鸠的核心政治论题作出的重要贡献，正像它为新兴工商业时代提供了基本辩护一样，而这种贡献过去被人忽略了。

到目前为止，上述孟德斯鸠的学说涉及的都是国内的治理和政治。这当然是政治思想的主要研究领域，通过制度和宪法性措施进行改革的建议都是在这个传统领域提出的。然而，在 17 和 18 世纪，人们越来越关注国际关系，尤其是大国卷入其中、实际上持续不断的战争状态。战争被认为是由统治者过分的欲望和任性所引起，就此而论，国内的政治或经济组织的任何改进都可以有效地约束这种行为，当然也会间接产生有利的国际后果，从而增加和平的可能性。不过可以设想，国际贸易，即国家之间的交易，也能对和平和战争的可能性产生直接影响：利益可能再次克服欲望，尤其是征服的欲望。由于对国际关系的思考相对来说处于不发达状态，它们大体上都表现为一些泛泛之论和没有根据的断言。

事实上，从 17 到 18 世纪，关于贸易对国际冲突与和谐的影响的一般观点发生了实质性变化。要么由于重商主义学说，要么由于事实上市场十分有限，一国商业之扩张只能靠排挤另一国而得到保障，这使科尔伯特把商业描述为"永无休止的战斗"，约西亚·柴尔德爵士把它称为"另一种战争"。[11] 大约 50 年后，商业的基本环境和学说并无实质改变。不过孟德斯鸠的一位密友让–弗朗索瓦·梅隆在 1734 年宣称：

> 一个国家的征服精神和商业精神是相互排斥的。[12]

孟德斯鸠也明确断言：

> 商业的自然作用就是带来和平。彼此从事贸易的两国会变得互相依赖：如果一国从买进中获利，另一国则从卖出中获利；所有的联合都是基于相互需要。[13]

这种关于贸易对和平的影响的戏剧性观点转变，可以同孟德斯鸠有关经济扩张之国内政治后果的思想联系起来看。当人们日益将王室的野心和愚蠢 [例如在伏尔泰的《老实人》(Candide) 中] 而不是"真实的利益"视为战争的动因时，很难再认为经济扩张在国内导致对统治者行为的约束，而在国际上却会导致战争。

实际上，孟德斯鸠并非毫无保留地赞扬商业。在称赞商业对和平的贡献那一章，他也遗憾地说，商业会导致一切人际关系的金钱化，导致好客以及其他"使人们不总是刻板地讨论自身利益的美德"的消失。[14]

梅隆则没有这样的疑虑。相反，他希望安抚那些害怕商业在带来和平安宁的同时导致勇敢无畏之类品德丧失的人。他断言，这些品德不但会继续存在，而且会因海上贸易经常遇到的航海危险而得到加强。[15] 因此万事俱佳：贸易同时发挥着阻止战争的作用和道德等价物的作用！

2. 詹姆士·斯图亚特爵士

在 18 世纪中期的法国，对于灾难性的专横统治看不到任何明确的救治手段，在这一背景之下，孟德斯鸠倚重于商业、汇票和外汇套利作为防止"权力的肆意妄为"和战争的卫士，既可以把这解释为对绝望的抚慰，也可以解释为极不寻常的乐观主义想象。在 18 世纪的英国，已不太需要摸索探路，王权已与绝对专制相去甚远。然而在 18 世纪后半期，"苏格兰启蒙运动"的政治学家和历史社会学家也产生了类似的观点。

就亚当·斯密、亚当·弗格森和约翰·米勒这类人物而言，这种思想很可能源于他们的一种共同信念，认为经济变化是社会政治转型的决定性要素。[16] 詹姆士·斯图亚特以极为清晰和概括的方式提出了类似于孟德斯鸠的思想，他做出的解释更为简单。他的主要著作《政治经济学原理研究》(1767 年)，大部分内容是他离开英国长期流亡欧洲大陆期间构思和写成的，那里的政治形势与经济发展的相互关系尤其明显。此外，就一般原则和大量具体分析而论，全书可以明显看到孟德斯鸠思想的影响。

82　　　例如，孟德斯鸠关于汇票和外汇套利的政治影响的观点，鲜明地反映在斯图亚特讲述"开展积极的外贸对贸易国产生的一般后果"的一章，请看下面这段话：

> 政治家惊奇地环顾四周，他曾自以为各方面都是社会上的头号人物，现在却感到私有财产的光辉让他黯然失色；当政治家想对它伸手时，**它却躲开了他的控制**。这使他的统治变得更加复杂，更难以维持。现在他除了拥有权力和权威之外，**还要懂技巧，善言辞**。[17]

在谈到与拥有"不动产"的地主相比，"有钱阶层""能挫败[政治家的] 企图"，能让"他控制私有财产的计谋"泡汤时，斯图亚特再次表达了同样的思想。[18]

在这一章的后面，当具体考察经济扩张——他称之为"工商业的建立"——的社会和政治结果时，他又以更一般的方式阐发和讲述了经济扩张造成对贪权和掌权者肆意勒索形成限制的思想。

前面引述的段落表明，斯图亚特独特地意识到一个著名的难题。他熟谙重商主义思想，并在某些方面仍然受其影响，但是他

明白，假如行事得当，工商业能够增强王国的力量，从而也能提
升君主的权力。同时，他对社会发展**实际**状况的观察，以及他很
可能熟悉他的苏格兰同胞休谟和罗伯逊等人的新历史思想，把他
引向一些十分不同的结论：贸易扩张巩固了"中等阶层"的地
位，为此付出代价的是贵族，最终还有国王。斯图亚特处在这两
种相互矛盾的分析或猜想的交叉点上，他采用了一种辩证推理，
大胆地将两者调和起来，这种辩证推理和另一些暗示很可能使
他的思想影响了黑格尔。[19] 他以真正的重商主义方式坚持认为，
"工商业的出现"源自政治家获取权力的野心，但然后他又说明
事情如何出现了意外的转折：

> 　　工商业……的形成归因于君主的野心……他们主要是想
> 让自己发财，从而让邻国感到恐惧。然而直到现实告诉他
> 们，他们才发现从泉水中汲取的财富反而淹没了泉水；富
> 裕、大胆、生气勃勃的人民，手中掌握着君主的一份财富，
> 由此也增强了自身的权力。当它变得强大起来时，他们倾向
> 于动摇君主的权威。这一转变的后果导致了一种更温和、更
> 规范的行政方案的出台。
>
> 　　国家一旦开始靠产业的成果来养活，君主权力令人担忧
> 的危险性就会减少。他的行政机构变得更为复杂，而且……
> 他发现自己受制于他的政治经济学法则，任何违反这种法则

83

84

的行为都会使他陷入新的困境。

斯图亚特在这里留了一点退路：

> 我所说的政府，仅指那些行为井然有序，符合宪法，遵守普遍法律的政府；我提到君主时，是指他们的阁僚。我所探究的原理与他们的政府的冷静管理有关；针对作为凡人的他们的欲望、罪恶和弱点设计防范手段，属于政治学的另一分支。[20]

但是在几章之后，当斯图亚特回到"现代经济的复杂系统"给管理公共事务造成的"限制"这一话题时，他把这一告诫忘得一干二净。他再次提出一个具有两面性的观点：一方面，财富的增长使政治家"对全体人民的行为有着十分强大的影响……这在以前的时代，甚至在最独裁的政府统治下也闻所未闻"；然而同时"统治者权力的一切**专横**使用都受到极大限制"（斯图亚特加的着重体）。原因在于"复杂的现代经济"的性质，斯图亚特也把它称为"计划"或"经济计划"：

> ……这种计划的实施将绝对证明它与一切专断的或不受规则的措施不相容。
> 现代君主的权力无论因其王国的体制如何绝对，只要他制定出我们这里所要解释的经济计划，这种权力立刻就会受到限制。即使他的权威过去有着楔子一般的坚硬和威力（它

可以用于不同的用途，例如劈开木头和石头等坚硬的东西， 85
可以放在一旁然后又随便捡起），它最终也会变得像钟表一
样精密，因为钟表除了计时之外别无他用，如果用它来干别
的事，或是不以最轻柔的手来把玩它，它会立刻被弄坏。

可见，现代经济是为制服专制主义的蠢行而发明出来的
最有效的缰绳……[21]

这是对最先由孟德斯鸠提出的观点的另一种漂亮表述。由于
"现代经济的复杂体系"，利益将战胜专横的政府，占胜"专制主
义的蠢行"，简言之，战胜统治者的欲望。这时斯图亚特把他早
先的告诫抛到了九霄云外，将工商业的扩张明确视为"对抗［人
们的］欲望、罪恶和弱点的可靠堡垒"。

就像孟德斯鸠一样，把这里引用的观点与斯图亚特的其他思
想联系起来看，能够更好地理解他这一套想法。就孟德斯鸠而
言，不难证明他对商业扩张之政治含义的思考十分契合于其著作
的主题。但是就斯图亚特而言，人们的第一反应是指责他前后
矛盾：长期以来《政治经济学原理研究》这本书的名声是，它
主张"政治家"① 不断操控舵盘以保持经济的平稳运行；为斯图 86
亚特恢复伟大经济学家名声的尝试，则把他说成马尔萨斯、凯恩

---

① "政治家"是斯图亚特对"与政体相一致的立法或最高权力"的简称。Inquiry，
Vol.1，p.16. 不过一般说来，斯图亚特所使用"政治家"一词是指一个开明的或应
当开明的决策者，他只关心公共利益。

斯和"调控经济学"的思想先驱。[22] 可是他同时认为,"现代经济的产生"将对政治家形成前所未有的**限制或约束**,这又如何可能呢?

答案存在于斯图亚特有一种暗示性的区分,一方面是因统治者的罪恶和欲望而产生的"专横的"滥用权力(这与孟德斯鸠的"权力肆意妄为"有密切关系);另一方面是一心为公益的虚拟政治家实施的"精确微调"。① 根据斯图亚特的看法,现代经济扩张终结了前一类干预,然后带来了对后一种干预的特殊需要,以便让经济沿着合理的轨道平稳运行。

通过斯图亚特的"现代经济"如同钟表一样这个比喻,可以最好地理解他的思想的基本一致性。他在两个不同的场合,用这个比喻来说明前面提到的国家干预的两种表现。一方面,钟表十分精密,"除非……以最轻柔的手把玩,它会立刻被弄坏"。[23]这意味着统治者旧式的专横行为受到的惩罚如此严厉,使他们只能就此罢手;另一方面,这个钟表"不断出错,发条时松时紧……便缺不了工匠的手使它恰到好处",[24] 因此经常需要善意而精确的干预。

这不禁让人想起 17 和 18 世纪颇为流行的把宇宙视为钟表的

---

① 斯图亚特的著作中最一般的假设是,个人是以自利作为动机,而"政治家……应该具备最强大的公共精神"。*Inquiry*,Vol.1,pp.142—143;另参见本书第49—50 页。

比喻。[25] 必然的结果是要让上帝改行或"更换工具"：从《旧约》中的泥陶匠变成现在的"钟表大师"（le Grand Horloger）。这当然暗示着上帝一旦造出钟表，它将完全自我运转。斯图亚特的经济钟表秉承了宇宙钟表的品质，它是一架精密制造出来的机器，不应受到外来专横干预的影响，但是斯图亚特选择钟表这一比喻，是想表达两种意思：一是专横粗心的操作已无可能，二是需要细心的专业"政治家"经常进行正确的调控。

3. 约翰·米勒

孟德斯鸠和斯图亚特都相信，工商业的扩张可以消除统治者任意而专横的决策。他们的理由即或不尽相同，也很相似。孟德斯鸠做出的总结是，由于出现了新的特殊金融制度这种情况，国家被大大剥夺了任意没收财产和贬值货币的传统权力。对斯图亚特来说，"现代经济"过于复杂和脆弱，使专横的决定和干预变得难以想象——也就是说，代价太高，破坏性太大。

在这两种情形下，统治者都无法或不敢再像以前那样，粗暴或不可预测地采取行动，即使他们仍然很想这样做。孟德斯鸠和斯图亚特的立场更多地依靠约束、牵制和惩罚君主，而不是鼓励他直接促进国民财富的增长，正如下面将简要评论的那样，后者是重农学派的主张。

孟德斯鸠和斯图亚特选择的"威慑模式"(deterrence model)，尤其是后者提出的变种，仍需做进一步的阐明。毕竟，威慑有可能失效，君主有可能决定胡来或"肆意妄为"。在这种情况下，假如社会上存在着能够迅速动员起来反对君主并使他收回或修改政策的力量，事情仍有挽回的可能。需要有一种反馈或平衡机制，在有利于工商业扩张的条件被搅乱的情况下，能够使它们得到恢复。可以说，这种机制包含在商人和中产阶级的兴起之中，18 世纪的许多作家，从休谟、亚当·斯密到弗格森，对此都有过描述。这些阶级不仅逐渐发挥着越来越大的一般政治影响，而且能够通过集体行动**对抗**别人滥用权力，对于这种现象的历史原因，苏格兰启蒙运动的又一杰出成员约翰·米勒做了明确的解释。

在米勒去世之后发表的一篇题为"制造业、商人和人文学科的发展以及这种发展传播自由和独立精神的倾向"的文章中，米勒对自己的主题陈述如下：

89

> 在商业国家，自由精神看来主要取决于两个条件：首先是与财产和生活必需品分配相关的人们的地位，其次是能够将社会不同成员联系起来并相互协作的手段。[26]

按照这一提纲，他首先说明了制造业和农业生产力的进步如何导致这些领域更大的"个人独立和更高的普遍自由观念"。他还认为，这些进步可能不会伴随着财富的极大不平等，这是前一个时代的特征；而是会带来"富裕程度的级差，从最上层到最下层之间不存在断裂"。[27]

米勒以这种方式让自己相信商业和制造业的进步导致自由精神的普遍传播之后，更加具体地指出了这种进步如何提高某些社会团体诉诸集体行动对抗压迫和滥权的能力。在这里，他对洛克的反抗权做了深入的社会学分析，值得大段引述：

> ……当一些官员和统治者被赋予一种权威，它由古老的习惯所巩固，并且可能还有军队做后盾，那就不可能指望一盘散沙的人民能够反抗统治者的压迫，他们为这一目标而团结起来的能力，必然大大取决于他们的特定处境……在大的王国中，人民散居于广阔的国土，几乎无法……进行有力的动员。他们生活在彼此相距遥远的小村庄，交流手段很不完善，他们的许多同胞遭受的苛政之苦，往往对他们影响甚微；另一个村庄的反叛还来不及爆发，这个村庄的反叛已被平息……
>
> 然而，随着贸易和制造业的进步，国家这方面的状况逐渐发生了变化。谋生手段的便利导致居民数量成倍增加。他们为了劳作的方便而聚集为巨大的群体。村庄扩大为乡镇，乡镇又常常扩大为人口稠密的城市。在所有的居住地，出现

90

了大批的工人或工匠，相同的职业和不断的交往使他们能够非常迅速地交流所有的思想和情感。领袖从他们中间脱颖而出，为团体定下基调，提供指导。强者鼓舞弱者，勇敢者激励胆小者，坚定者说服动摇者，整个团体的行动**如同机器般一致**，拥有常常是不可抵挡的力量。

在这种情况下，任何民间的不满都很容易唤起大众。他们能够轻易联合起来要求消除民怨。城镇中引起抱怨最微不足道的原因，即可变成暴动的时机；骚乱之火从一个城市烧到另一城市，爆发为普遍的起义。

这种联合不仅因当地的情况而发生，也不限于附属于商业和制造业的下层。商人中的上层**持续关注着自己的职业目标**，这使他们变得目光敏锐，能够洞悉他们的共同利益，并且总是不知疲倦地追求它。忙于耕作各自土地的农民，只考虑他们的个人收益；拥有土地的乡绅只想让自己丰衣足食，对别人的利益就像对自己的利益一样无所用心；商人虽然从不忽视他的私人利益，但他习惯于将自身利益与同行的利益联系起来，所以他们随时会与同行业的人联合起来请求政府帮助，推动有利于其生意的一般措施。

在不列颠，这种巨大的商人协会的盛行，在本世纪逐渐变得越来越引人注目。大城市居民的喧嚣骚乱，**能够让当局彻底不得安宁，能够吓坏最大胆的官员，能够使幕后大佬最**

放肆的心腹倒台。商人利益的呼声从来不会让政府掉以轻心，
当它坚定而一致时，甚至能够控制和左右国家议会的议政。[28]

这些话最令人难忘的特点是，米勒对暴乱和其他群众活动的社会作用持正面看法。数十年之后气氛就完全变了，像安德烈·尤尔博士在他的《制造业哲学》（*Philosophy of Manufactures*，1835）一书中证明的那样：

> 制造业自然地将大量人口聚集到一个狭小的范围：它为秘密结社提供了一切便利……它赋予草民以智巧和能量，为他们的自由主义费用输送抗争的财力。[29]

当然，到1835年时，不断"抗争"的工人阶级已经出现。米勒对群众行动的乐观看法，很可能是基于18世纪的威尔克斯暴动，它在60和70年代不断震撼着伦敦。[30] 正如吕德所证明的那样，这些暴动的特点是商人和其他中产阶级与米勒在其论述中大力称道的"草民"结成了联盟。[31] 然而，当时的另一些观察者似乎被这些暴动搞得惶惶不安。它使大卫·休谟变得更加保守，在他的新版《论文集》（*Essays*）中降低了自己对自由前景过于乐观的评价。而过去他曾说过"民众并不像原先描述的那样是危险的怪物"。[32] 米勒的论述有时也不是十分确定（关于革命的论述除外），当他预感到可能爆发"全面起义"时就更是如此；

92

不过大体上说，他所强调的是商人对"职业目标的持续关注"，以及与散居各地的农民相比他们有更出色的能力将自己组织起来采取"利益集团"的行动，让其他人加入他们的事业，让刚愎自用的政策制定者为他们申冤。米勒描述的过程以这种方式展现出"清晰可辨的目的性"和"专注性"，这似乎是 18 世纪西欧暴民的显著标志。[33] 就像这些暴民被认作在英国甚至在美洲殖民地发挥了"立宪作用"一样，[34] 米勒赋予他们在维持和保护经济发展方面更理性、更有益的作用。

此外，就像斯图亚特把"现代经济"的运行比作"精密的钟表"一样，"商人"运动及其联盟，在这里被视为以"机器般的一致性"展开。米勒显然确信，他揭示了一种重要而可靠的机制，它将确保君主的欲望不能长久压倒公共利益和经济扩张的需要。在这一意义上，他的思想完备了孟德斯鸠和斯图亚特的思想。

相关但不一致的观点

孟德斯鸠和斯图亚特关于经济扩张的政治后果的观点，并没有得到普遍接受。事实上，法国和英国研究经济事务最有影响的作家，即重农学派和亚当·斯密，不仅未能为这种已经提出的特殊思路作出贡献，而且正如下文所示，他们——尤其是亚当·斯密——以不同的方式加速了这种思路的消亡。

这两派思想家有一些共同的重要观点和关切，但他们的重点和结论往往大相径庭。例如，经济是一种构造复杂的机制或机器、其运行独立于人类意志的思想，是重农学派对经济思想最重要的贡献之一。[35] 斯图亚特在羁留欧洲大陆期间，与重农学派的几个杰出成员都有交往。[36] 他关于现代经济有着类似于钟表机制的观点，可能就是受到这些成员的思维方式的影响。但是，重农学派从他们的观察中得出的结论并没有使他们像斯图亚特那样，预言无人敢于干预这架机器的运转，而是倡导一种能够有效阻止这种干预的政治秩序。

同样，重农学派和亚当·斯密也像当时的人一样，相信区分动产和不动产的重要性。这种区分首先使人联想到孟德斯鸠的思想：与主要拥有动产的公民打交道的政府，其所作所为将非常不同于面对以不动产为主要财产形式的社会的政府。《国民财富论》中多次提及这一区分和资本拥有者移居他国的能力，并且确实把它作为对横征暴敛的限制。[37] 不过亚当·斯密没有走得更远。魁奈和米拉波在其入门教科书《农业哲学》(*Philosophie rurale*)中，也指出商业社会的财富有着狡猾的特点，而且实际上十分接近于孟德斯鸠的分析，不过他们这样做是本着完全不同的精神的：

94

95
[商业社会的]所有财产是由分散隐蔽的证券、少量存货以及被动和主动债权构成的。它们的真正所有人在一定程度上不为人知，因为没有人知道他们哪一个是债权人，哪一个是债务人。君主的权力从来无法控制无形的或存在人们钱袋中的财富，因此这种财富不会给君主带来任何好处。这条真理应当不断讲给那些农业国的政府听听，因为他们正在努力训练自己成为商人，即训练自己劫掠自己。富有的生意人、商人和银行家等等，永远是共和国的成员。无论他们住在何处，都享有他们财产的分散性和不可知性所固有的豁免权，人们能够看到的只是进行财产交易的地方。当局想强迫他们履行臣民的义务是徒劳的：为了劝说他们配合当局的计划，当局不得不对待他们如同主人一般，为他们的自愿纳税而酬谢他们。[38]

显然，魁奈和米拉波首先认为，有着这种狡猾性质的工商业不是资产，而是负资产，所以国家还是以不鼓励这些活动为上策；① 其次，他们简单地假定富有的商人和银行家多多少少愿意回到中世纪的模式，将自己组织成分散割据的共和国。因此，"农

96
业社会"（他们暗示法国也属于这种社会）的政治组织问题仍未

---

① 构成 18 世纪全部财富之重要组成部分的各种**流动**资本的出现所引起的恐惧和希望，最近，多国公司的兴起，又导致了关于这些相似事物的类似的矛盾观点。

得到解决。

最后，也是最重要的，这两派作家都确信，君主的无能、专断和挥霍政策会严重阻碍经济进步。亚当·斯密一些最为雄辩的言论谴责了这种政策，[39] 魁奈的以下谴责则可以视为给孟德斯鸠所谓"权力的肆意妄为"的主要类型开列的一份有用的清单：

> ……君主及其臣僚的专制，法律的缺陷和不稳定，行政机关的胡作非为（*dérèglements*），影响着财产的不确定性，战争，混乱的税收决策，这些事既害了人民，也害了君主的财富。[40]

但是，重农学派和亚当·斯密都不想依靠经济扩张让政治家的刚愎自用"消亡"。相反，他们主张直接消除这些弊端：重农学派赞成一种新的政治秩序，使他们所定义的正确的经济政策得到保障，斯密则较为温和，致力于改变具体的政策。我们将依次论述他们各自的立场。

1. 重农学派

在政治组织问题上较小的分歧，导致孟德斯鸠和重农学派采取了截然相反的立场。孟德斯鸠致力于设计能够有效抑制君主胡作非为的政治和经济制度。重农主义者的野心则更大一些：他们

要鼓励君主按照自己的自由意志（即按照重农学派的学说）正确
地行事。换言之，他们要找到一种政治秩序，掌权者在这种秩序
中**出于自身利益**而被迫促进普遍利益。对各种利益的这种特殊的
和谐状态的探究，是霍布斯提出最佳政体问题的方式，这使他更
喜欢绝对君主制而不是民主制和贵族制：

> ……哪里的公共利益和私人利益结合得最紧密，哪里的
> 公共利益就能得到最大的促进。在君主政体下，私人利益和
> 公共利益是一回事，君主的财富、权力和荣誉只能因臣民的
> 财富、力量和尊严而得到提升。如果臣民贫穷卑贱，缺衣少
> 食或内部不和，积弱而无以御敌，那么君主也不可能有财
> 富、荣耀和安全。而在民主政体或贵族政体中，公共繁荣能
> 够给腐败或有野心者的私人财富带来的好处，常常不如背信
> 弃义、骗术或内战来得多。[41]

重农学派在他们的政治著作中接受了同样的思想，对孟德斯
鸠所赞成的政府形式只有嘲讽，将其斥为虚弱蹩脚。同时，他们
根据"自由放任"原理，阐述了另一种更为著名的利益和谐论，
根据这一原理，公共利益是每个人自由追求自身利益的结果。重
农学派处在这两种"和谐论"（*Harmonielehren*）的交汇处，自相
矛盾地既赞成市场摆脱政府干预，又赞成权力无边的统治者大力
实现这种自由，理由是统治者的自我利益与"正确的"经济体制

联系在一起。后一种安排被重农学派称为"合法的专制主义"，与之相对立的是"专横的专制主义"，魁奈对它的胡作非为曾做过十分详尽的阐述。[42]

　　霍布斯依靠民众与一个统治者之间利益的全面交融，一些重农学派的人比他走得更远。他们发明了一些专门用来使专制者真正"合法"的制度安排。一方面，他们精心设计了一种司法控制体系，它将确保君主及其阁僚制定的法律不违反体现在国家基本大法中的"自然秩序"。[43] 但更为重要的一条保障是，他们认为应当让国家的繁荣与君主的利益息息相关。这就是里维埃在《自然秩序与政治社会的本质》（*Ordre naturel et essentiel des sociétés Politiques*，1767）一书中提出共有财产制的目的所在。[44] 按他的方案，君主将是全部生产资料和净利中一个固定不变的份额的共有者，如此一来，君主和整个国家之间的任何利益冲突将变得不可思议，这种霍布斯式的利益一致，即便在最愚蠢最邪恶的专制者看来也是一目了然的。

　　兰盖这位老"顽童"和孟德斯鸠及重农学派的批评者，将这种推理方式贯彻到了极致。他合乎逻辑地认为，与君主共有财产的安排不足以保障利益追求的一致性；所以他赞成国家的一切财富**全部**归统治者所有。与此相一致，他称赞"东方"或"亚洲专制主义"，断定他所主张的制度与许多人的想法相反，一点也不利于暴政；它强加给君主的责任，要比君主用来把自己与臣属联系起来的所谓依赖关系更为严格。[这种理想制度] 不仅劝说他们行公义，而且强迫他们这样做。[45]

这段话很容易让人想起斯图亚特关于"专制主义的蠢行"在"现代经济"中将不再可能的说法。当然，关键的分歧是，重农学派（和兰盖）期待着开明政治家会因为他们的论证的说服力，推行他们认为理想的政治经济制度，[46] 而詹姆士·斯图亚特爵士则认为，不断的经济扩张能让变化朝着可取的方向自动发生。

不难设想一种兼具这两种观点的立场：马克思主义其实已经使我们十分熟悉这样一种可能性，即相信历史的力量必然导致某种结果，同时期盼这种结果的人最好以全副力量促使它发生。实际上，社会科学中每一个有政策取向的作家，都面对着预言与预定之间正确结合的问题。现在该考察一下亚当·斯密在这方面所持的十分复杂的立场了。

2. 亚当·斯密与一种观念的终结

《国民财富论》的主要作用是为自由追求个人利益提供了强有力的**经济**辩护，前面考察的早期文献强调的则是这种追求的**政治**

影响。但是，细心的读者当不会感到奇怪，从《国民财富论》这部内容庞杂的著作中亦可发现后一类论述。事实上，亚当·斯密在书中就提出过财富增长与权力萎缩同步发生的思想，而且他较之过去的其他任何作家用了更大的篇幅，有着更深的涵义。这种论述见于他在第三卷第四章对封建主义衰落的著名评述，该章以"城市商业对农村改良的贡献"为题，斯密在这里讲述的故事是：

> 工商业逐渐给农村居民带来了秩序和良治，从而也带来了个人自由与安全，而过去他们几乎总是生活在与邻人的战争和对上司奴仆般的依附状态之中。[47]

这个故事可以重新加以概述，为了准确传达其韵味，我将尽量采用亚当·斯密本人绝妙的辛辣措辞。① 在工商业出现以前，大贵族与大批家臣一起分享他们的地产剩余，这些家臣完全依赖贵族并组成一支私人军队；他们也与佃农分享剩余，后者交租不多，但租地权没有保障。这种状态导致的情形是，"国王……管不住大贵族的暴行……大贵族根据自己的判断几乎不停地相互开战，甚至不时向国王开战；广大乡村……呈现出一幅强取豪夺和无序的景象。"[48]

101

---

① 不可思议的是，熊彼特怎么会将第三卷中的"智慧"形容为"枯燥和缺乏创见"呢！ 见 Schumpeter, *History of Economic Analysis*（New York：Oxford University Press, 1954），p.187。

但是，后来由于"对外贸易和制造业潜移默化的作用"，事情发生了变化。现在贵族可以用剩余来购买某些东西，而以前他们是与家臣和佃农一起分享这些剩余的。斯密以鄙夷的态度提到城里人提供的商品："一对钻石纽扣，或……琐细无用之物"，"更适合作为儿童玩具而非成人严肃消遣的小饰物和小玩意儿"。这些商品让贵族大为动心，他们竟然决定取消家臣，与佃农建立更长期、更商业化的关系。结果，"为了满足最幼稚、最低俗、最肮脏的虚荣心，他们逐渐出让了自己的全部权力和威望"，[49]"变得像城里真正的市民或商人一样无聊"。[50] 重大的政治后果是：

102
> ……大财主们再也没有能力干涉正常的司法，扰乱国家的安宁了。[51]

工商业的兴起促成了更有序的政府，但是它的"作用方式"（modus operandi）截然不同于孟德斯鸠和斯图亚特所言。首先，他们关注的是国王的至上权力及其运用和滥用，斯密讨论的则是封建贵族们傲慢的权力。其次，斯密认为这种权力的衰落，并不是因为贵族逐渐认识到像以前那样滥用权力不符合他们的利益，而是因为他们试图利用"工艺进步"为他们的消费和物质条件改善提供的新机会，**不知不觉地**交出了自己的权力。其实可以把此事更好地概括为：贵族的（贪婪或奢靡）欲望战胜了他们的长远利益，而不是利益驯服了欲望。

斯密选择的论述方式，使它很难从领主引申至君主。斯密在讲述自己的故事时引用过休谟的《英国史》（*History of England*），休谟在这本书中从颇为相似的角度谈到"中间阶层"的兴起，尽管不像斯密那样有声有色。休谟特别指出，贵族权力的丧失不仅有利于新兴的商人和工厂主，而且有利于君主。斯密在《关于司法、治安、税收和军备的讲义》（*Lectures on Justice，Police，Revenue and Arms*）中也有类似的论述。[52] 对于**中央**政府的专横决策和有害政策，斯密不太指望经济发展本身会带来这方面的改善。斯密在谈到"国王和大臣们变幻莫测的野心"时特别指出：　　103

> 人类统治者的暴力与不公是一种古老的罪恶。由人间事务的性质所定，恐怕还没有救治的药方。[53]

他在同魁奈的辩论中坚持认为，不必考虑政治环境的改善，也能取得可观的经济进步：

> ……在政治共同体中，每个人为改善自身境况不断作出的自然努力是一条保护原理，它能够在很多方面预防和纠正一定程度的不公和压迫所造成的政治经济的不良结果……幸运的是，自然的智慧为纠正人类的愚蠢和不公提供了丰富的装备……[54]

他在"浅谈谷物贸易"一节使用了极为相似的说法：

> 每个人改善自己境遇的自然努力，在自由而安全地发挥作用时，是一股强大的力量，它无须任何帮助，只靠自身就能给社会带来财富和繁荣，而且能克服妨害它运行的人类愚蠢的法律造成的众多弊害。[55]

斯密在这里断定经济可以独立运行：在可以容忍的宽松限制之内，政治进步不必成为经济发展的必要前提，可能它也不是经济发展的必然结果，至少就政府的最高机构而言是如此。[1] 按照这种观点，与至今仍在经济学家中广为流行的自由放任或最小国家学说不同，政治是"人类蠢行"的领域，假使这种蠢行不超过某种相当宽松而灵活的限度，经济进步就能像"老实人"的花园一样成功生长。看来，斯密所提倡的不是功能最小的国家，而是做蠢事的能力受到一定限制的国家。

由于另一些更重要的原因，亚当·斯密不接受孟德斯鸠和斯图亚特的观点。原因之一是，斯密强烈地感到，政府"蠢行"的

---

[1] 在这里和以下几页，我的解释大大不同于克罗普西在那部发人深省的著作《政体与经济：对亚当·斯密原理的解释》(Joseph Cropsey, *Polity and Economy: An Interpretation of the Principles of Adam Smith*, the Hague: Nijhoff, 1957) 中的解释。我仅仅陈述自己的观点并为它提供文献支持，而不是将它与克罗普西的观点做全面的比较。克罗普西的观点"最一般的阐述"是："可以把斯密立场的含义解释为，商业带来自由和文明，同时自由制度对于保护商业是不可或缺的。"(p.95) 最近对克罗普西的批评性评价见 Duncan Forbes, "Sceptical Whiggism, Commerce and Liberty" in A. S. Skinner and T. Wilson, eds., *Essays on Adam Smith* (New York: Oxford University Press, 1976), pp.194—201。

某些具体方面在他看来阻碍着经济进步（例如某些重商主义政策），因此他像重农学派一样倾向于将这些政策描述为严酷的现实，而不是为它们将自动消亡的愿望寻找理由。

其次，斯密不像孟德斯鸠和斯图亚特那样，几乎随时愿意为新的工商业时代欢呼，认为它将把人类从滥用权力、战争等古老的罪恶中解救出来。他对物质进步的矛盾态度人所周知，前面所 105 引他讲述历史的方式便很好地说明了这一点。他显然欢迎他所描述的进程的后果，它毕竟是"秩序和良治"以及随之而来的"个人自由与安全"，但是对于导致这一幸运结果的一系列事件和动力，他却持有异常严厉的态度。对于这种矛盾态度，至少可以从他在这里和其他著述中喜欢揭示和强调人类行为的意外结果中找到部分解释。人们不禁会觉得，斯密在这个具体事例中夸大了他的"看不见的手"：他在讲述贵族的"蠢行"时嘲弄乃至粗野的语气，会让读者头脑中产生一个疑问，贵族怎么会对自己的阶级利益如此无知？①

斯密对新生资本主义的矛盾心理不限于这一个事例。最著名的表现可能是他对分工的论述，他在《国民财富论》第一卷中赞

---

① 休谟在《英国史》（1762）中，约翰·米勒在《等级差别的起源》（*The Origins of the Distinction of Ranks*，1771）中，也都把领主权力的丧失归为经济原因，但他们比亚当·斯密更看重关于"中产阶级"的这一新观点，即中产阶级与大量顾客打交道，而非取决于单个人的恩惠。关于约翰·米勒的论文，详见 *William C. Lehmann*，*John Millar of Glasgow*（Cambridge：University Press，1960），pp.290—291；关于休谟，见第二部分的注释 52。

扬分工,在第五卷中却又严厉批评分工。对斯密态度的这种反差
已有大量论述。[56] 特别有意思的是,斯密在这里把尚武精神和美
德的丧失视为分工和整个商业的**不幸**后果之一。关于分工,他在
《国民财富论》中谈到了"将一生用于从事某些单调工作的人":

106

> 他对自己国家重大而广泛的利益完全没有判断力;除非
> 特别费力地教他,他同样没有能力征战卫国。他一成不变的
> 静态生活必然毁掉他的精神勇气,使他看不惯军人无规律、
> 不确定的冒险生涯。[57]

在《关于司法、治安、税收和军备的讲义》中,斯密对商业
提出了同样的观点,他完全赞同古典"共和主义"关于商业导致
奢靡腐化,使人堕落的观点:

> 商业的另一有害影响是侵蚀人的勇气,倾向于消磨尚武
> 精神……人们……只有时间学习一样生意,这极不利于让每
> 个人都去习武,使他不断实践这门技艺。保卫国家的任务交
> 给了那些没有其他事情可做的人,民众的尚武精神则逐渐消
> 失。他们的脑子不断被奢靡之物所占据,变得柔弱而怯懦。[58]

斯密在对这一节做出总结时又说:

> 这就是商业精神的弊病。人们变得头脑拘谨,失去了崇

高能力。教育受到蔑视，或至少受到忽视，英雄主义精神消 107
失殆尽。纠正这些弊病是一个值得严肃关注的问题。[59]

这些话可以作为斯密未能充分理解商业的兴起对人和政治的
影响的直白解释：他看到了工商业兴起的一些优点，例如对诚
信和守时的积极影响，[60] 但是像孟德斯鸠一类作家——他们对
"尚武精神"给现时代造成的灾难有着更深刻的印象——为之欢
呼的那些商业后果，他却认为具有破坏作用。孟德斯鸠等人所称
赞的"温和得体"，不仅对卢梭来说意味着腐化堕落，在某种程
度上对斯密也是如此。在斯密的苏格兰同胞弗格森的著作中，可
以看到这一观点的充分表达，他与苏格兰"粗朴的"社会保持着
联系，他的《文明社会史论》(*Essay on the History of Ciril Society*,
1767) 对英国商业扩张带来的"优雅"社会颇有微词。[61]

但是，亚当·斯密对我们这里所讨论的观念的重要影响，还
表现在另一些方面。他不仅在前面提到的各个方面不接受孟德斯
鸠和斯图亚特的观点，即新兴资本主义能够通过控制更野蛮的欲
望改善政治秩序，而且他做出了断然的回应，在某种意义上给了
它致命一击。斯密在他最重要、最有影响的著作中认为，人类完
全受"改善［他们的］境况的欲望"所驱使，他又进一步明确地
说，"增加财富是大多数人打算或希望改善自己处境的手段"。[62]
这里似乎没有更丰富的人性观的容身之地，按这种人性观，人受 108

着各种欲望的驱使，常常无所适从，而"贪婪"只是其中之一。斯密当然十分清楚另一些欲望，其实他对于它们也有过重要论述。然而只是在《道德情操论》中，他才为将这些其他欲望融入"增加财富"的欲望铺平了道路。非常有趣的是，他是披着反其道行之的伪装来做这件事的，因为他是以自己的方式，强调促进经济进步的努力背后蕴含的非经济的和非消费的动机。正如他一再所说，由于人的肉体需要极为有限，

> ……我们追求财富，逃避贫穷，主要是出于人类情感的考虑。人世间的所有辛苦和忙碌是为了什么？贪婪和野心，追求财富、权力以及出人头地的目的何在？……遍布各个阶层的竞争的源头在哪里？人生的伟大目标，即我们所谓的**"改善我们的境况"**，是为了得到何种益处？受人敬重，侍从如云，博得同情，自满自得，被人赞赏，这些都是我们能够从那个目标中谋求的益处。我们感兴趣的是虚荣，而不是安逸开心。[63]

很像是霍布斯和其他17世纪的作家，对荣誉、尊严、名望和认可的渴望，在这里被视为人类的基本成见。但是我们很快就会看到，霍布斯将这种渴望与"对生活必需品的关切"加以分离。卢梭则对"自爱"（*amour de soi*）和"自尊"（*amour propre*）做了更为清晰的著名区分，前者是指通过获取一定数量的物品来

满足我们的"真正需要",后者则是得到同胞的赞赏和敬佩的关键,不言而喻它是没有边界的。[64] 因此他说:"不难发现,我们的全部努力都仅仅指向两样东西,即自我的生活必需品和他人的尊重。"[65]

这种把人类的全部"劳作",即把冲动和欲望分成两类的做法,已经是一种基于大尺度的简化表达。而在前面引用的《道德情操论》的一段话中,亚当·斯密最后采取了还原论的步骤,把两者合并为一:对经济利益的欲望不再独立存在,而仅仅成了得到尊重的欲望的工具。由于相同的原因,非经济的欲望尽管强大,但也被全部融入经济欲望,非经济欲望的作用无非是强化了经济欲望,因而丧失了其昔日的独立存在。

由此带来两个结果。首先,著名的**"亚当·斯密问题"**(Adam Smith Problem)——《道德情操论》与《国民财富论》的兼容性难题——的答案可能就在这里。似乎可以这样看,斯密在前一本著作中论述了人类广泛的情感和欲望,但是他也使自己确信,就"芸芸众生"而言,主要的人类欲望终归是驱使其改善自己的物质福利。完全合乎逻辑的是,他然后在《国民财富论》中详细研究了实现这个目的的条件;人类的行为十分明显地都向着这个目的汇合。斯密强调了经济行为的非经济动机,这使他有可能用这样一种方式来关注经济行为,使之与他过去对人性其他重要维度的兴趣完全一致。

110

从本书所讲述故事这个角度来看，第二个结论更为重要。斯密认为，野心、权欲和名望都能通过改善经济状况得到满足，这使他能够将用欲望对抗欲望或用利益对抗欲望的观点釜底抽薪。这种思想传统突然之间就变得纵使不是废话，也令人费解，这是又回到了培根之前的时期，那时人们将主要欲望视为一个稳固的整体，并且它们是相互满足的。[①] 所以不足为奇的是，在《国民财富论》描述市场社会运行方式的一个关键段落，斯密事实上将欲望和利益等同起来：

> 因此，私人的**利益和欲望**自然地让人们将自己的资本转向那些在一般情况下最有利于社会的用途。但是，假如他们出于这种自然偏好而将过多的资本投向那些用途，其利润的下降和其他用途利润的提高立刻会让他们改变这种错误的分配。可见，无须任何法律的干预，人们的**私人利益和欲望**便能自然地引导他们尽量按照最有利于整个社会利益的比例，把每个社会的资本分配到它的所有不同行业之中。[66]

自罗昂公爵写下《论君主的利益与基督教国家》之后的一个半世纪里，"利益"和"欲望"这两个词经常作为反义词出现，而在这里它们却先后两次作为同义词出现。认为这是有意为之虽

111

---

① 参见本书第20页。

然牵强，但这种语言选择的结果是，它消除了依靠自利的理由，因为这种依靠的根据就是与欲望对立的利益驯服欲望的能力。上面引用的那段话是斯密本人的理由的最佳写照，即只要允许每个人追求自己的个人利益，"整个社会"的物质福利就会得到改善；同时，他这种使用语言的方式也连带否定了相反的理由。

　　欲望在这里被反复用作利益的同义词，其原因之一是较之以前的作家，斯密更关注"芸芸众生"，即关注普通人及其行为。按一种历史悠久的传统，受到无数崇高或卑劣欲望驱使的主要是贵族，而这些欲望同责任和理性的要求相冲突，或者它们之间相互冲突。马基雅维利在谈到君主时认为，"他本人的欲望……远大于人民的欲望"。[67] 或如霍布斯所说，"大家都自然地为荣誉和出人头地而争斗；但他们主要是那些很少为生活必需品所困扰的人"和"生活安逸，无匮乏之虞的人"。[68] 正是由于这种原因，只有现在或过去的贵族成员，被认为适合成为通常描写欲望和由此产生的冲突的悲剧和其他"高雅"文学体裁中的主角。[69] 人们认为凡夫俗子没这么复杂，他主要关心生存和物质方面的改善，这就是目的本身，充其量是获得尊敬和赞赏的代替品。因此，他要么没有欲望，要么他的欲望可以通过追求自身利益得到满足。

　　由于这些不同的原因，《国民财富论》标志着利益动机对受欲望支配的行为的作用这种思想的终结，它曾萦绕于斯密的一些

112

杰出前辈的脑际。在斯密之后，他的以下主张逐渐成了学术和政策讨论所关注的中心：让每个社会成员追求自身的（物质）利益，能最好地服务于普遍（物质）福利。这一主张在消除老问题上取得的成功，首先可以根据知识史加以解释。尽管斯密小心翼翼地避免和拒绝曼德维尔在提出类似思想时采用的悖论方式，他的主张仍然引起很多知识难题，梳理和解决这些难题耗费了几代经济学家的心血。此外，这个主张和随后形成的学说，满足了使一种范式大获成功的另一要求：它既是一个出色的概括，同时也使社会思想过去自由驰骋的探索领域大面积收缩，从而可以促进知识的专业化。但是，孟德斯鸠和斯图亚特的思想从视野中消失，必须追溯到更为普遍的历史因素：他们有关工商业扩张之政治影响的乐观主义思想，在法国大革命和拿破仑战争时代难以为继，并不那么令人奇怪。

113

注　释

[1]　V, 7.

[2]　XXI, 20.

[3]　XXII, 14.

[4]　XX, 23.

[5]　Chapter VI, par.12；见 Spinoza, *The Political Works*, p.321。

［6］　Chapter VII, par. 8；*ibid.*, pp.341—343.

［7］　参见 Alexandre Matheron, *Individu et communauté chez Spinoza*（Paris：Minuit, 1969）, pp.176—178。

［8］　*Oeuvres complètes*（Paris：Pléiade, NRF, 1949）, Vol.I, p.112.

［9］　*Esprit des lois.* XI, 4.

［10］　同上。

［11］　Introduction in Coleman, ed., *Revisions in Mercantilism*, pp.15—16.

［12］　*Essai potitique sur le commerce*（1734）in E. Daire, *Economistes, français du 17° siècle*（Paris, 1843）, p.733.

［13］　XX, 2.

［14］　同上。

［15］　*Essai politique*, p.733. 对商业之荣耀的深入论证见 Abbé GabrieJ François Coyer, *La noblesse commerçante*（London, 1756）, 和 Louis de Sacy, *Traité de la gloire*（Paris, 1715）, pp.99—100。

［16］　见 Ronald L. Meek, *Economics and Ideology and Other Essays*（London：Chapman and Hall, 1967）, 尤其是他写于 1954 年的论文 "The Scottish Contribution to Nlarxist Sociology," pp.34—50。

［17］　*Inquiry*, Vol.I, p.181. 着重体是我加的。

［18］　同上, p.213。

［19］　见 Paul Chamley, *Economie polilique et philosophie chez Steuart et Hegel*（Paris：Dalloz, 1963）, 和 *Documents relatifs à Sir James Steuart*（Paris：Dalloz, 1965）, pp.89—92 and 148—147。

［20］　*Inquiry*, Vol.I, pp.215—217.

［21］　同上, pp.278—279。

［22］　见 Chapier 9, "Steuart's Economics of Control," in S. R. Sen. *The Economics of Sir James Steuart*（London：B. Bell and Sons, 1957）, 和 R. L. Meek, "The Economics of Control of Prefigured," *Science and Society*, Fall 1958。

[23] *Inquiry*, Vol.l, p.278.

[24] 同上，p.217。

[25] 莱布尼茨和伏尔泰使它通俗化了，它的使用可追溯至 Nicolas Oresmus（卒于公元 1382 年），见 Lynn White, *Medieval Technology and Social Change*（Oxford：Clarendon Press, 1963), p.125；另参见 Carlo M. Cipolla, *Clocks and Culiure. 1300—1700*（London：Collins, 1967), pp.105, 165。

[26] William C. Lehmann, *John Millar of Glasgow, 1715—1801*（Cambridge：University Press, 1960), pp.330—331. 米勒的主要著作见这本书的第 3、4 部分。

[27] 同上，p.336。

[28] 同上，pp.837—339。着重体是我加的。

[29] 转引自 E. P. Thompson, *The Making of the English Working Class*（New York：Vintage Books, 1963), p.361。

[30] 米勒这篇文献是在他死后的 1801 年发现的，所以写作日期无法确定。

[31] George Rudé, *Wilkes and Liberty：A Social Study of 1763 to 1774*（Oxford：Clarendon Press, 1962), pp.179—184. 另参见 Frank Ackerman, "Riots, Populism and Non-Industrial Labor：A Comparative Study of the Political Economy of the Urban Crowd"（unpublished Ph.D. thesis, Harvard University, Department of Economics, 1974), Chapter 2。

[32] 被删去的这段话作为一条注释得到了恢复，见 *Essays*, Vol.I, p.97。对这件事的讨论见 Giarrizzo, *David Hume*, p.82。

[33] Pauline Maier, "Popular Uprisings and Civil Authority in Eighteenth-Century America," *William and Mary Quarterly* 27（Jan. 1970), p.18；另参见 Dirk Hoerder, "People and Mobs：Crowd Action in Massachusetts during the American Revolution"（unpublished dissertation, Freie Universität, Berlin, 1971), pp.129—137。

[34] Maier. *ibid.*, p.27.

[35] 见 Ronald L. Meek, *The Economics of Physiocracy* (Cambridge, Mass.：Harvard University Press, 1963)。

[36] 见 A. S. Skinner's Introduction to Steuart's *Inquiry*, Vol.1, p. xxxvii, and Chamley, *Documents*, pp.71—74。

[37] *Wealth of Nations*, pp.800, 880.

[38] 引自"Extract from 'Rural Philosophy'" included in Meek, *Physiocracy*, p.63。

[39] Jacob Viner, "Adam Smith and Laissez Faire," *Journal of Political Economy* 35（April 1927）, pp.198—232.

[40] Article "Hommes"（1757）in *François Quesnay et la Physiocratie*（I.N.E.D., 1958）, Vol.II, p.570.

[41] *Leviathan*, Chapter 19.

[42] 这个说法来自里维埃。

[43] 关于重农学派思想的这个方面，见 Mario Einaudi, *The Physiocratic Doctrine of Judicial Control*（Cambridge, Mass.：Harvard University Press, 1938)。

[44] Ed. E. Depitre（Paris, 1910）, Chapters 19 and 44；另见 Georges Weulersse. *Le mouvement physiocratique en France, 1756—1770*（Paris：Alcan, 1910）, Vol.II, pp.44—61。

[45] *Théories des Lois civiles*（London, 1774）, Vol.I, pp.118—119（*Oeuvres*, III）.

[46] 他们对公共政策和舆论气氛有相当大的影响，相关论述见 Weulersse, *Le mouvement physiocratique*, Vol.II, Book 4。

[47] Modern Library edn., p.385.

[48] 同上，p.388。

[49] 同上，p.387。

[50] 同上，p.391。

[51] 同上，p.390。

[52] David Hume，*The History of England*（Oxford，1826），Vol.V，p.430
（Appendix III "Manners"），和 Adam Smith，*Lectures on Justice，Police，
Revenue and Arms*，ed. E. Cannan（Oxford：Clarendon Press，1896），
pp.42—43。

[53] *Wealth of Nations*，p.460.

[54] 同上，p.638。

[55] 同上，p.508。

[56] 最近的一些评论见 Nathan Rosenberg，"Adam Smith on the Division
of Labor：Two Views or One?" *Economica* 32（May 1965），pp.127—
139，和 Robert L. Heilbroner，"The Paradox of Progress：Decline and
Decay in The Wealth of Nations"，*Journal of the History of Ideas* 34
（April-June，1973），pp.242—262。

[57] *Wealth of Nations*，p.735.

[58] *Lectures*，p.257.

[59] 同上，p.259。

[60] 同上，pp.253—255。

[61] 有关从马基雅维利到 18 世纪英美共和主义政治思潮的整个历史和
分析，见 Pocock，*Machiavellian Moment*。

[62] *Wealth of Nations*，p.324.

[63] *The Theory of Moral Sentimtnts*，9th edn.（London，1801），Vol.I，
pp.98—99. 着重体是我加的。这段话以及另一些类似的评论，也见
于一篇很有趣的论文：Nathan Rosenberg，"Adam Smith，Consumer
Tastes, and Economic Growth," *Journal of Political Economy* 7（May-
June，1968），pp.361—374。正如洛夫乔伊所指出，这一思想脉络
惊人地预示着"炫耀性消费"的说法，这是凡伯伦有闲阶级论的
基础之一。见 Lovejoy，*Reflections*，pp.208—215。

[64] 见 *Emile*，Part IV，and *Discours sur l'origine et les fondements de*

l'inégalité parmi les hommes，note o。

[65] 转引自 Lovejoy，*Reflections*，p.146。

[66] *Wealth of Nations*，pp.594—595，着重体是我加的。

[67] *Discourses*，Book I，Chapter LXVIII.

[68] *English Works*，Vol.II，p.160，转引自 Keith Thomas，"The Social Origins of Hobbes's Polkical Thoughr,"in Brown，ed.，*Hobbes Studies*. p.191。

[69] 见 Erich Auerbach. *Mimesis*：*The Representation of Reality in Western Literature*（Princeton，N. J.：Princeton University Press，1953），pp.139—141 and passim。

第三章

对一个知识史事件的反思

孟德斯鸠和斯图亚特的设想错在哪里

在一个古老而著名的犹太故事中，克拉科的拉比有一天用一声哀叹打断了他的祈祷者，他宣称自己刚看到两百英里以外华沙的拉比去世了。克拉科的信众虽然悲伤，但对他们这位拉比的视力也留下了深刻印象。几天之后，一些犹太人从克拉科去了华沙，吃惊地看到那位老拉比还在那里主持仪式，似乎健康状况尚可。他们一返回克拉科就把这消息告诉了信徒，于是有人暗中发出讥笑。这时几个勇敢的信徒开始站出来为他们的拉比辩护，他们承认他有可能在具体事情上出错，可是他们宣称："然而，那是什么样的眼力！"

表面上，这个故事是在嘲笑人类面对反面证据时使信仰合理化的能力。然而在更深层次上，它是对富有想象和思辨能力的思想发出的辩护和赞美，不管这种思想是否误入迷途。正是这种解释，使这个故事与本书所述的知识史事件密切相关。孟德斯鸠和斯图亚特关于经济扩张之有益政治后果的思想，是政治经济学领域一个富有想象力的创见，尽管历史可能已经证明那些思想从根本上说是错误的。

是不是这样呢？这个问题并不像华沙的拉比未死一事那样容易做出裁决。毕竟，拿破仑时代之后的那个世纪较为和平，并且见证了"专制主义"的衰落。但是正如我们所知，后来有些事情大大偏离了正途。20 世纪的观察者都无法断言，事情的发展成功证实了孟德斯鸠和斯图亚特那充满希望的设想。然而应当指出，这种设想的破灭可能并不彻底。孟德斯鸠和詹姆斯·斯图亚特爵士看到的力量可以宣称，它大概只在有限的意义上被其他相反的力量克服了。那么，这些相反的力量是什么呢？

对这个问题的研究很容易转向经济结构和政治事件之间的关系，而我们提到的那两位 18 世纪的空想家和政治经济学先驱忽略了这种关系。事实上，其中一些这样的关系很快就被 18 和 19 世纪的几位作家注意到了。他们秉承了先驱者的思想传统，但补充上一些限制和附加条件，导致了非常不同的结论。

对这类著作的简要考察可以从约瑟夫·巴纳夫开始。他是1789—1791 年国民公会上的伟大演说家，就在命丧断头台之前，他写了一部解释当代史的著作《法国革命导论》(*Introduction to the French Revolution*)。此书以社会阶级作为重点，使巴纳夫有一点马克思主义思想先驱的名声，但他将自己视为孟德斯鸠的崇

118

拜者和追随者。在《论商业对政府的影响》(Effect of Commerce on Government) 这篇短文中，他的开场白确实非常类似于那位大师：

> 商业导致了一个庞大的阶级，它倾向于外部和平和内部
> 安宁，喜爱稳定的政府。

119   但随后出现了完全不同的思想：

> 商业国家的道德并不完全是商人的道德。商人重节俭，
> 而普遍的道德风气却是挥霍。商人恪守自己的品德，公众的
> 品行却很放荡。[1]

正如曼德维尔和斯密所示，私人追求恶欲或单纯追求自身利益，能够为社会福利作出贡献，与此相似，巴纳夫在这里认为，对部分来说正确的事，对整体未必如此。但是，现在这种"合成的谬误"(fallacy of composition) ① 被用来颠倒前一主张。巴纳夫宣称，**个人美德**汇合在一起能够导致一种与美德毫不沾边的状态。他其实没有解释事情何以如此，并宣称他的悖论只适用于他所研究的具体情境。不过他令人信服地宣布，由于"合成的谬误"，社会过程要比孟德斯鸠大胆设想的更不透明，更难以让预

---

① 据保罗・A. 萨缪尔森，"合成的谬误"是经济学研究中被认识到的最基本、最
  具特色的基本原理之一。参阅 *Economics*, 3rd edn. (New York: McGraw-Hill,
  1955), p.9。

言应验。

巴纳夫首先向商业对社会和政治的有益影响这一传统智慧表达敬意，然后提出了影响这种论证的限制条件。这一做法先后被亚当·弗格森和托克维尔以更加有效的方式加以应用。

作为一名苏格兰人和苏格兰启蒙运动思想家群体的一员，弗格森对"优雅"民族超越"原始野蛮"民族取得的进步抱有非常矛盾的态度。像亚当·斯密一样，弗格森指出了分工和商业对人格和个体公民的社会纽带的负面作用，但是在《文明社会史论》(1767) 一书中，他从一开始就强调这些作用，并从更一般的层面表达了他的谴责态度。在这一过程中，他预演了青年马克思、涂尔干和滕尼斯的思想，把关系密切的部落的团结特点与"盛行于商业国家的精神风气"加以比较，"在商业国家……往往可以看到人是分散而孤独的存在者"，"他对待自己的同胞就像对待自己的畜群和土地一样，只关心它们带来的利润"，在那里"情感的纽带断裂了"。[2]

同时，对于我们深化论证尤其有意义的是，弗格森比亚当·斯密更愿意探究经济扩张更普遍的政治后果。这见于他的《文明社会史论》的结束部分，他以一种易于引起误解的正统方式说：

　　　　人们发现，除了少数孤立的情况外，商业技艺和政治技艺是同步发展的。

接下来，他仍在很大程度上沿着孟德斯鸠和斯图亚特爵士的思路论述道：

> 在有些国家，意欲获取利润的商业精神开启了通向政治智慧之路。[3]

弗格森还提到了在后来的论战中颇受重视的论证，即富裕的市民可能让"觊觎统治权的人感到恐惧"。

121　但是，然后他立刻用更大的篇幅，讨论了专注于个人财富可能以相反的方向导致"专制政府"的原因。其中，一部分原因长期以来是"共和主义传统"的典型论调：共和国因奢靡和挥霍而腐化。[4]但是弗格森把一些引人注目的新思想融入了这一传统。例如，关于"使自由得以立足的基础可能有助于支持暴政"的原因，他列举了**对丧失财富的担心**和"身处富足之中的家族继承人感到窘困"的处境。实际的或令人担忧的地位下降引起的被剥夺感和**怨愤**，在这里被视为与贪婪的社会及其喧闹的风气息息相关。他认为这种情感为接受"强大"政府的许诺以避免真实的或想象中的危险提供了理由。[5]此外，商业使人产生对安宁和效率的欲求，这可以成为专制主义的另一来源：

> 我们假定政府提供一定程度的安宁，这往往是我们希望

从政府那里得到的最好回报；我们假定让各个立法和行政部门处理公务时**尽量不干涉商业和生意**，这种国家……接近于专制主义超出了我们所能想象的程度……

我们若是……仅以安宁（它也许是公正治理的产物）来衡量国民的幸福，则自由面临的危险莫过于此。[6]

这是詹姆士·斯图亚特爵士将经济比喻为精密钟表的另一种含义。维持钟表运转——确保安宁、有序和效率——的需要，并不能阻止君主的任性。弗格森正确地意识到，它可能被当作替威权主义统治辩护的主要理由，重农学派其实早就这样做过，此后两个世纪也一次又一次发生。

弗格森去世近 70 年之后，在"七月王朝"时代写作的托克维尔，也就经济发展对自由的意义表达了类似的矛盾态度。他在《论美国的民主》(*Democracy in America*，1835) 中重复了这一传统智慧：

我不知道是否有人能从推罗人、佛罗伦萨人和英国人那里举出哪怕一个从事制造业和商业的民族，它同时又不是一个自由的民族。可见，在自由和工业之间有着密切的必然联系。[7]

但是，这段话虽然常被引用，[8] 托克维尔就像他的前辈弗格森一样，在这一章的其他部分用更多篇幅论述相反的情形。他的担忧来自路易-菲利浦治下的法国，当时基佐曾说，"发财吧！"（Enrichissez-vous！）已经成为公民的行为标准，巴尔扎克也写道：

123

以为路易-菲利浦国王行使着统治权，他在这件事上没有受骗……是错误的。他像我们一样清楚，在宪法之上，是神圣、尊贵、可靠、亲切、雅致、美丽、崇高、活力充沛、无所不能的五法郎硬币！[9]

这些义愤之言实际上是君主受到限制的另一种说法，孟德斯鸠和詹姆士·斯图亚特爵士都已认识到这种限制，并且发现它十分有益。这段话甚至让人想起罗昂的格言"利益主宰君主"（l'intérêt commande au prince），他赋予"利益"（intérêt）的含义已随着它后来的语义流发生了适当变化。然而，无论巴尔扎克还是托克维尔，都不打算赞美这种状态。

在专注于物质进步可能给自由造成的危险时，托克维尔的出发点是这样一种情形，"对物质享受的兴趣……比启蒙和自由习惯发展得更快"。在这种环境中，人们为追求私人财富而轻视公共事务，这使托克维尔对私人利益和公共利益关系和谐这一牢固的成见提出了质疑：

这些人自以为遵从着利益学说，可是他们对这种学说的内容只有粗浅的认识，而且他们更多地关照他们所谓的自己的事务（leur affaires），忽视了它的基本内容是维护他们的主人地位。

这里的利益远不是驯服或约束统治者欲望的力量；相反，如果公民沉溺于追求自己的私人利益，有可能使"狡诈而野心勃勃的人篡夺权力"。托克维尔以极为尖刻的先知式语言（写于拿破仑三世上台前几年），批评那些为了有利的商业环境而只要求"法律和秩序"的人：

124

> 一个对自己的政府另无所求，只要求它维持秩序的民族，其内心深处已经是一个奴隶了；它是自身福利的奴隶，那个将要给它套上锁链人便可粉墨登场。[10]

可见，按弗格森和托克维尔的看法，经济扩张和随之而来的对改善个人经济状况的专注，既引起政治技艺的进步，也能导致其恶化。后来马克思在对1848年革命的阶级分析中也采纳了这一思想：随着这些革命事件的展开，资产阶级的政治角色也从进步变为反动。但是从某种意义上说，前一种表述含义更丰富，因为它说明了经济扩张的政治作用**同时具有根本性的**互相矛盾的性质，马克思主义思想则为它强加了一种积极影响必然先于消极影响的时序。

弗格森和托克维尔对孟德斯鸠和斯图亚特学说的担忧可以概

括为两点。首先，如他们所示，现代经济复杂的相互依赖与发展
构成了一架如此精密的机器，这使专制政府的肆意妄变得不可
能。如果确实**必须服从经济利益**，那么这不仅为约束君主的鲁莽
行为提供了理由，也为压制人民的行为和限制参与提供了依据，
简言之，对于凡是被"经济学国王"（economist-king）[*]解释为威
胁到"精密钟表"准确运转的事物加以压制，它提供了理由。

125　　其次，弗格森和托克维尔含蓄地批评了一种更古老的思想传
统，它认为追求物质利益，是对受欲望支配的争夺荣誉和权力的
可取替代。他们没有提出"合成的谬误"一说，但提出了一个非
常相似的观点：只要**不是人人都玩**"无害的"赚钱游戏，那么**绝
大多数**公民完全沉溺于这种游戏，会让博取更大权力的人更自由
地实现其野心。如此一来，用利益代替欲望作为大多数人的行为
指导原则的社会安排就会造成负面作用，它扼杀公民精神，从而
打开通向专制之门。

　　弗格森指出，丧失财富或担心丧失财富，可能使人倾向于赞
成专制体制，这几乎是对一般的心理学前提，即为孟德斯鸠等人
的乐观主义想象提供基础的以下前提，给予了最后的毁灭性批
判：追求自身物质利益的人会养成抑制欲望的习惯。这种在多少
以轻蔑态度旁观赚钱的人看来似乎一目了然的观点，如我们所

---

* 此语应脱胎于柏拉图《理想国》中的"哲人王"（philosopher-king）一说，意指经
济学家以其智慧可以解释和主宰一切。——译者注

知，还伴随着一种同样令人欣慰的观点："下层"或"芸芸众生"只追求利益，几乎没有时间或兴趣关心激情（passions）。

像霍布斯指出的，"人人皆自然地为荣誉和出人头地而争斗，但他们主要是那些很少为生活必需品所困扰的人"。[11] 然而正是这种思想，也能让人们产生期望，一旦能够操纵经济增长，事情就会发生显著的变化。对霍布斯而言，正如经济学家所说，追求欲望与收入多寡高度相关，因此随着普通人收入水平的提高，可以预期他们会在更大程度上表现出受激情支配的行为。最初经济扩张由于使人远离对荣誉和出人头地的争斗而受到赞颂，按霍布斯这一主张的逻辑，最终它会以这种方式引发更多而非更少受激情支配的行为。卢梭很清楚这一动力机制，他写道：

> ……人在社会中的情况会大不相同：先是为必需品而操心，接下来便是些多余之物：为快乐而操心，然后是聚财无数，然后是臣民，然后是奴隶，绝无片刻歇息。最引人注目的是，需求越是与自然需求无关，越是不迫切，欲望就越是膨胀，更糟糕的是，还有用来满足它们的权力。[12]

但是，只有当资本主义发展的现实完全呈现出来时，人们追求自身利益将永远不会产生危害的观点才被断然放弃。19 和 20 世纪的经济增长使千百万人成了无根的游民，在让一些人致富的同时也使无数人变穷，在周期性大萧条中导致大规模的失业，缔造了现代大众社会。在一些观察者看来，被卷入这一剧烈转型的人有时显然会变得情绪化——强烈的愤怒、恐惧和怨恨。这里没有必要一一列举那些以异化、失范、怨愤、庸俗化、阶级斗争等说法记录和分析这些发展的社会科学家的名字。正是因为我们受到这些分析的影响，并且更多地受到我们试图借助于它们来理解的灾难性事件的影响，本书所评论的学说显得脱离上述现实，见识浅薄，使它们似乎不应受到严肃看待。

然而，在本书最后一部分我将说明，为何仍然值得恢复这种学说。在此有必要简短地说一点题外话，以上所述为资本主义的功绩所做的政治论证并不全面。最近一种更为人们所熟悉的论证宣称，私有财产，尤其是作为生产工具的私有财产的存在才是根本，它为人们质疑和对抗当时的权力提供了物质基础。例如这种论证宣称，如果希望享有言论自由的人为了生计而不得不依靠他要批评的政府，则言论自由可能成为一句空话。这里不是详细评价或追溯这种观点的地方，但是毫无疑问，这在我们听起来好像比我们从本书中了解到的观点更为合理。

这种"现代"论证的主要根据，来自在批评权力的机会方面资本主义国家和社会主义国家之间的比较。① 因此不必奇怪在孟德斯鸠时代没有提出这种论证。但是，这种论证出现也没有等到

---

① 使这种论证更合理的另一个理由较为为温和，即把资本主义看作政治自由的必要条件，但不是充足条件。参见 Milton Friedman, *Capitalism and Freedom* (Chicago：University of Chicago press，1962)，p.10。

20 世纪共产主义政权的产生。当私有财产制度不断受到抨击，人 [128]
们更详细地探索其他可以想象的社会制度时，这种论证立刻就被
提了出来。因此，今天与米塞斯、哈耶克和米尔顿·弗里曼德这
些作家联系在一起的支持资本主义的现代政治论证，最初提出来
的不是别人，而是蒲鲁东。虽然蒲鲁东是私有财产制度雄辩的批
评家——他毕竟是以"财产权就是盗窃"这句格言而闻名，但他
对国家的巨大权力也心存恐惧。他在后期作品中想出了一个主
意，用同样"专制的"权力，即私有财产的权力来对抗国家的权
力。[13] 到 19 世纪中叶时，人们对资本主义的体验，已经使"温
和得体的商业"对人性产生有益影响这种论证彻底发生了变化：
这时，恰恰是由于财产权被视为一种桀骜不逊的革命性力量，蒲
鲁东才让它扮演制衡同样令人恐惧的国家权力的角色。蒲鲁东确
实使用了"制衡"一词，这使他的论点与本书追溯的知识传统联
系在了一起，正像 100 多年以后加尔布雷斯出于其他目的所做的
一样。[14] 但是，蒲鲁东有关财产权和赚钱的性质的思想，从本
质上说与其前一个世纪的作家有着天壤之别。

受利益支配的世界的承诺与基督教新教伦理

　　较之蒲鲁东有关资本主义政治优点的观点，孟德斯鸠和斯图

亚特的学说看起来即或不是夸大其辞，也是一种怪论。然而它的意义和价值也正在于此。正是由于它作为一种怪论给当时的人留

129 下深刻印象，它能使人多少窥见资本主义兴起时的仍然令人困惑的意识形态环境。

进入这个话题有一条显而易见的路径，就是把本书所述将赚钱职业视为一种高尚职业的论述，与韦伯的基督教新教伦理命题以及相关争论做一比较。正如前面一再所说，本书认为，欢迎并推动17、18世纪工商业扩张的既不是一些社会边缘群体，也不是反叛性的意识形态，而是来自当时"权力结构"和"既定秩序"中心的流行意见，来自君主，尤其是其幕僚和其他相关社会名流所要解决的问题。自中世纪末以后，特别是由于17、18世纪战争和内战日益频繁，人们要寻求一种与宗教戒律相当的行为规范，一种新的行为和决策规则，使统治者和被统治者都服从必要的纪律与约束。人们出于这种考虑对工商业的扩张寄予厚望。

韦伯及其追随者，还有他的绝大多数批评者，首先关心的是使某些人类群体以理性方式一心追求资本积累的心理学过程。我所讲述的故事把一些人是出于被迫视为当然，转而强调那些今天

130 所谓的知识、管理和行政精英对这一现象的反应。这种反应受到喜爱，并不是因为赚钱本身受到嘉许，而是由于人们认为它有个最为有益的连带作用：它使从事这种活动的人"不再产生祸害"，更确切地说，它的优点是对君主的胡作非为、专横统治和危险的

对外政策施加了限制。韦伯宣称，资本主义的行为和活动是绝望地**寻求个人救赎**的间接（最初无意识的）结果。我则认为，资本主义形态的传播在很大程度上归因于一种同样绝望地寻求**避免社会崩溃**的办法，由于内部和外部秩序的不稳定性，这种危险在当时一直存在。显然，这两种主张可以同时成立：一个与具有宗教情怀的新精英阶层的动机有关，另一个与不同的守门员的动机有关。然而韦伯的观点魅力如此之大，使后一种观点完全被人忽视了。

在韦伯的观点和这里追溯的思潮之间，还有一个更为重要的差别。韦伯认为，加尔文的得救预定说在他的追随者中间既未导致宿命论，也未导致对尘世享乐的狂热追求，而是——令人不解和违反本能地——导致了受意图和禁欲引导的有序活动。这一观点不仅是个伟大的悖论，而且点出了人类行为（或在这个事例中的思想）著名的意外结果之一。自维柯、曼德维尔和斯密以来，发现这种结果已经成为社会科学家的独特领域和最大抱负。根据我在这里讲述的故事，现在我认为，相互对立的发现不仅是有可能的，而且是有价值的。一方面，人类行为和社会决策无疑有可能产生完全出乎最初意料的后果。但是另一方面，采取这些行为和决策，是因为人们**极为热切地期望它们能产生某些结果，而这种结果后来完全没有实现**。后一种现象既是前者的结构性对应物，也可能是它的原因之一；与某种社会决策在实施时与之联系在一起的充满幻想的期望，有助于使它们在未来产生视野之外的

131

真正后果。

　　这里包含着那种现象之所以有意义的原因之一：对巨大的收益的期望，即使它没有实现，显然仍有助于某些社会决策的实施。因此，探索和揭示这种期望，可以使社会变革变得更加易于理解。

　　饶有趣味的是，较之出人意料但完全实现的社会决策后果，更需要去发现有预期但未实现的后果：前者至少**摆在那里**，而有预期但未实现的后果只能从社会行动者在往往短暂易逝的某一时刻所表达的期望中发现。此外，一旦这些期待的结果未能发生，无法变为实现，它们最初所依靠的事实不仅很可能被人遗忘，而且会被主动掩盖。这不仅是当初的行动者维护自尊的问题，而且对于后来想确保新制度正当性的掌权者来说，这件事也至关重要：假如人们既知道实行一种社会制度是因为对它能解决某些问题抱有坚定的期待，又知道它显然令人大失所望，那么这种社会制度如何能比这种双重意识生存得更久？

132

当代评论

　　本书所讨论的观点被从集体意识中抹掉的程度，可以通过回顾当代对资本主义的某些批评加以评估。其中一种最动听、最有影响的批评，强调了资本主义的压抑和导致异化的特点，它阻碍着"人类个性的充分发展"。从本书提供的有利观点来看，这种指责似乎有失公允，因为人们对资本主义的期望和设想，就是它会抑制人类的某些欲望和恶习，塑造一种不那么复杂和不可预测、更加"单向度的"人格。这种今天让人感到陌生的立场，来自对一个历史时期显而易见的现实危险的极度苦闷，来自对人类各种欲望（在当时看来似乎唯一的例外是"无害"的贪婪）释放出的破坏性力量的忧虑。**总之，人们认为资本主义应该实现的，正是不久之后便被当作资本主义最恶劣的特征予以谴责的事情。**

维也纳会议[*]之后的欧洲处于相对和平安宁和商业观念盛行的时期，资本主义得意扬扬，"欲望"似乎确实受到了抑制，甚至可能已被灭绝，世界突然显得空虚、琐屑和令人厌烦。这为浪漫主义的批判提供了舞台，它认为与过去的时代相比，这是个令人不可思议的贫乏社会——这个新世界似乎缺少崇高、庄严和神秘，最重要的是它缺少激情。这种怀旧式批判的大量遗迹，可以从后来的社会思想中看到，先是傅立叶对欲望诱惑的颂扬和马克思的异化论，然后有弗洛伊德的作为进步之代价的性欲压抑观，最后是韦伯的"除魅"（神秘世界观的逐渐解体）。所有这些对资

133

---

* 维也纳会议是欧洲列强联手战胜拿破仑之后于 1814 年 9 月至次年 6 月召开的一系列会议的统称，会议确立的欧洲新的权力平衡，它一直维持到被 1914 年的第一次世界大战打破。——译者注

本主义或隐或显的批评几乎都没有认识到一点：在前一时代的人看来，充满各种欲望的"全面的人类个性"，是一种需要尽量加以消除的威胁。

另一种相反的遗忘也显而易见：它致力于清除更早时期提出的相同观念，对这种观念过去与现实之间的遭遇只字不提，因为这种遭遇很少令人完全满意。插几句题外话吧，不妨这样说，桑塔亚纳的"记不住过去的人注定要重复过去"这句格言，很可能更适用于**观念**的历史而不是事件的历史。众所周知，历史事件从来不会重复发生，可是如果早先的思想事件被人遗忘，两个不同且相距遥远的时间点上**大体相似的**环境，很可能在思想史上产生**同样的反响和同样不利的**作用。其原因当然是，思想是从环境中抽象出来的，它不是环境的本质，但它构成了每一个独一无二的历史情境的独特性。

把桑塔亚纳的格言应用于观念史时令人悲哀的准确性，可以用当代最高水平的社会思想加以说明。在这里讲述的故事之后，看到凯恩斯在他特有的为资本主义的低调辩护中，诉诸约翰逊博士和其他 18 世纪的人物使用过的相同观点，未免令人痛心：

> 存在着赚钱和私人致富的机会，可以把人类危险的恶习引入相对无害的渠道，假如它们没有以这种方式得到满足，它们便可能从残忍、不顾一切追求个人权力和权威以及其他

形式的自我膨胀中找到发泄口。一个人对自己的银行账单实
行专制，要好过对他的同胞实行专制；虽然前者往往被指责
为仅仅是后者的工具，但它有时至少是另一种选择。①

这正是那种的陈旧的思想，它把赚钱视为人们精力的"无
害"排遣与发泄，是一种能够把人们从权力争夺转向基本上无害
的积累财富的制度，尽管它多少有些可笑和令人生厌。

以资本主义有益的政治后果为理给它提供强大辩护的另一个
大人物是熊彼特，尽管是一种间接的辩护。熊彼特在他的帝国主
义理论 [15] 中认为，一般说来，领土野心、殖民扩张的欲望和好
战精神并不像马克思主义者所说，是资本主义制度不可避免的结
果。更准确地说，它们产生于残存的前资本主义精神，这种精神
不幸根深蒂固于欧洲主要国家的统治集团中。在熊彼特看来，资
本主义本身不可能导致征服和战争：它的精神是理性与计算，因
此它厌恶采取包含在战争和其他英雄主义荒唐举动中的冒险行
为。熊彼特这种观点与各种马克思主义的帝国主义理论相对立，
但有意思的是，较之前面回顾的亚当·弗格森和托克维尔的观

135

---

① J. M. Keynes, *General Theory of Employment*, *Interest and Money*（London：
Macmillan, 1963），p.374. 哈耶克在为遗产继承制辩护时也拙劣地模仿了这种观
点，他的理由是，就提供给子女不劳而获的利益这件事而言，一个人将财富遗
赠给他们，较之生前便为他们谋取有利的地位，是一种社会危害性较小的方式。
在这个事例中特别明显的一点是，一种选择根本不排斥另一种选择。参见 F. A.
Hayek, *The Constitution of Liberty*（Chicago：University of Chicago Press, 1960），
p.91。

点，他对自己所研究的问题的症结并没有更清楚的认识。进一步追溯历史的话，雷兹枢机主教认为在受利益驱动成为行为规则的情况下，欲望并没有被排除在外，与凯恩斯和熊彼特相比，这似乎是此类论证中更好的成分。

我的结论是，资本主义的批评者和维护者都能通过了解这里所叙述的思想史事件来改进他们的论证。这很可能是人们可以让历史、具体而言是思想史提供的唯一帮助：不是解决分歧，而是提升论证的水平。

注　释

[1]　转引自 Emmanuel Chill, ed., *Power*, *Property and History*：*Joseph Barnave's Introduction to the French Revolution and Other Writings* (New York：Harper, 1971)，p.142。

[2]　*Essay on the History of Civil Society*, edited with an introduction by Duncan Forbes (Edinburgh：University Press, 1966)，p.19.

[3]　同上，p.261。

[4]　见 Pocock, *Machiavellian Moment*，此书对从马基雅维利到汉密尔顿的这种思想作了全面考察。

[5]　*Essay*, p.262.

[6]　*Essay*, pp.268—269. 着重体是我加的。

[7]　Vol.2, Part 2. Chapter 14.

[8] 内夫将这句话用作他那篇著名论文的卷首语，"Industrial Europe at the time of the Reformation," *Journal of Political Economy* 49（Feb.-April 1941），p.1。

[9] 转引自 Harry Levin, *The Gates of Horn*（New York：Oxford University Press, 1963），pp.152—153, from *La Cousine Beyte*（Paris：Conard, 1914）. p.342。

[10] Vol.2, Part 2, Chapter 14.

[11] *English Works*, Vol.II, p.160. 转引自 Keith Thomas, "The Social Origins of Hobbes's Political Thought," in Brown, ed., *Hobbes Studies*, p.191。

[12] *Discours sur l'origine et les fondements de l'inégalité parmi les homnes*, note i.

[13] 蒲鲁东对这种观点的全面阐述，见他去世后出版的著作：Proudhon, *Théorie de la propriété*, in *Oeuvres comptèles*（Paris, 1866），Vol.27, pp.37, 134—138, 189—212。

[14] John Kenneth Galbraith, *American Capitalism: The Concept of Countervailing Power*（Boston：Houghton Mifflin, 1952）.

[15] "The Sociology of Imperialisms"（1917），in *Imperialism and Social Classes*（New York：Kelley, 1951）.

跋　／杰里米·阿德尔曼

艾伯特·O. 赫希曼邀请我们穿过词义变化的迷宫，为反讽而开怀，为危途而担忧，但他不仅与读者对话，他也与古人对话。他一生都在让他的思想先辈们成为一个真正的家庭，他习惯于回到它的成员那儿寻找安慰、论题和灵感。正是由于这个缘故，阅读赫希曼的体验，让人觉得是在观察我们现代一位大思想家与古人的对话。它既是对古人之间论辩史的研究，同时也是与打开了通往我们今天道路的古人的论辩。

想想赫希曼毕生研究的诸多人物之一、为《欲望与利益》搭建舞台的人物之一马基雅维利吧。赫希曼最早读马基雅维利是在20岁（"这是读马氏的好岁数"，他曾对自己的读者这样说），那时他住在巴黎，第一次加入一个意大利反法西斯流亡团体，他们正在"读马基雅维利和利奥帕蒂"*。此后赫希曼总是把马基雅维利的书带在身边。赫希曼所喜爱的这位佛罗伦萨人的一段

---

* 指19世纪意大利著名浪漫派诗人贾克莫·利奥帕蒂（Giacomo Leopardi, 1798—1837），有《致意大利》等名篇传世。——译者注

话，出自他写给托斯卡外交官、他的朋友的一封信，他希望得此
人的庇护。马基雅维利向他讲述了自己的流亡生活，他四处游
荡，捉画眉鸟，拾柴火，跟当地的粗人一起打牌，玩十五子棋，
"以便放松一下我枯竭的大脑"，他傍晚回到家，脱掉脏兮兮的衣
服和靴子，"穿上宫廷的华服"。他衣冠楚楚走进书房，"与宫廷
里的古人一起用餐"。在那里"我毫无羞涩地与他们交谈，向他
们请教他们的行为动机，他们也友善地回答我。这时我几个时
辰都不觉得无聊，我忘了自己的一切烦恼，既无惧于贫穷，也
不害怕死亡"。马基雅维利解释说，通过与古人的这些对话，他
写下了自己学到的东西："《君主论》这本小书，我在这本书中
尽我所能，深入研究了有关这个主题的思想，讨论了君主国是
什么，它们有哪些类型，它们是如何获得，如何维持，又是怎
样丢掉的。"① 对赫希曼来说，这封信是一个梦境，是通向田园的
指引，在那儿可以遇见古人；在第三世界的发展这个领域一天
的辛勤劳作之后，他可以在这里与古代哲人一起追思旧邦。马
基雅维利与古典时代的幽灵相遇，从某种意义上赫希曼也是如
此，连他的衣着都让人想起文艺复兴时代的服装。在普林斯顿高
等研究所的大厅里，人们一眼就能认出既博学又衣冠楚楚的赫

138

---

① John M. Najemy, *Between Friends*: *Discourses of Power and Desire in the Machiavelli-Vettori Letter of 1513—1515* (Princeton, NJ.: Princeton University Press, 1994).

希曼。

　　正是在普林斯顿的研究所里，赫希曼写出了《欲望与利益》一书。1976 年秋，在漫长而令人伤心的南美行（赫希曼与他的朋友和同行一起在那里的军事独裁者的阴影下共过事）之后，他又翻开了《君主论》和《李维史论》(*Discourses*)。他为世态担忧，他牵挂着社会科学的现状，尤其是经济学转而喜欢将"经济人"看作功利最大化的行动者，这导致了福利国家的污名化，将它视为一种侵犯性和压迫性的力量。"命运女神"为何不理睬改革呢？"这让我吃惊，"赫希曼在一张纸片上写道，"马氏的论调就像试图使匮乏的资源得到最佳利用的经济学家一样——你根本不可能既做道德上的完人，同时又能维护国家，所以你只能在维护国家这个约束条件下尽量道德维护，就像消费者在预算约束下使满足最大化一样。"[1]他在智利见证了"芝加哥小子"*拙劣的经济药方，回来后不久他在麻省理工学院一个研讨班上说，他感到很沮丧，因为"很多经济学家惬意地端坐于他们不断扩张的学科之上，对外面发生的事情不闻不问，无论它们是多么灾难性的"，他们"对经济和政治事件之间的这种关联无动于衷"。既然外部

139

[1]　"Talk on Prince and Machiavelli," IAS, October, 1976, Box, 69, f. 12, Albert O. Hirschman Papers, Seeley Mudd Library, Public Policy Papers, Princeton University（以下略作 AOHP）。

*　"芝加哥小子"(Chicago Boys) 指 20 世纪 50 年代前往芝加哥大学留学，在弗里德曼等经济学家门下学习的一批智利学生。这些人回国之后，对皮诺切特军事独裁时期的经济政策和经济学研究产生了重要影响。后来在亚洲和前苏东地区实行的从管制经济向市场经济的转变方案，也常被称为"芝加哥小子模式"。——译者注

世界变成了一块伤心地，赫希曼便反求诸己，他又回到了对资本主义和民主基础的思考。他的办法是"退到历史之中"——"与17和18世纪的政治哲学家和政治经济学家待上一段时间"。①

　　从1972年开始怀着极大的热忱写《欲望与利益》，直到1976年，赫希曼的黄纸片上便写满了有关维柯、赫尔德、罗昂公爵、亚里士多德、重农学派、爱尔维修，当然也少不了马基雅维利的评注，增加的人物还有苏格兰启蒙运动的约翰·米勒、亚当·弗格森、詹姆士·斯图亚特爵士、大卫·休谟和亚当·斯密。他的笔记是与古人的对话。他在读马克斯·韦伯时注意到，这位社会学家把得救预定论这种幻想的作用看得太重，结果提出了"世界除魅"一说。赫希曼既要保存希望，同时也要做个现实主义者。"在我的计划中，"他在表达对韦伯的异议时说，"'保存希望的距离'（所有理论建构的目标）是在两者之间，一方是有助于安顿资产阶级社会和资本主义活动并为其提供正当性的预期和希望，另一方是让人大失所望的结果——事实上它如此令人失望，于是我们便压抑对那些预期和希望的意识（弗洛伊德的'故意遗忘'）。"②

　　一种迷念陷入危局。资本主义曾被认为有很大的解放作用，

140

---

① "Eighteenth-Century Hopes and Twentieth-Century Realities," MIT Lecture, 1977, AOHP, Box 8, f. 17；这个讲义是他后来那本文集的第一稿：*The New Authoritarianism in Latin America*, edited by David Collier (Princeton University Press, 1980)。

② "Notebook Argentina 1971," Box 24, f.10, AOHP.

能使人摆脱贪财的暴君和贪婪的独裁者，现在它却让人大失所望，反映着这门"忧郁的科学"*之局限性。这是如何发生的？赫希曼在他的论证过程中试图让自己搞明白，在资本主义胜利之前人们最初是如何理解它的，以便说明在它胜利之后的另一种观点。假如他能揭示它最初的计划书，他便能洞悉它为何功败垂成。这种"理论"，我们现在可以称之为恢复对资本主义的记忆，能让人打消一种诱惑，寄望于纯粹市场——或另一个极端社会革命——背后的救赎作用。

一道知识闪电由此出现，它的起点是马基雅维利认识"真实的人"的努力和亚当·斯密的经济学。孟德斯鸠《论法的精神》中的一段话萦绕于赫希曼的脑际，从他所喜爱的全部引文中脱颖而出："幸运的是人们处在这样的境况之中，他们的欲望让他们生出作恶的念头，然而不这样做才符合他们的利益。"这段话用作《欲望与利益》的卷首语恰如其分。马克思主义者和浪漫主义者都批判资本主义缺少道德准则，使个人受到狭隘而卑贱的动机驱使，其实他们是在谴责这种制度恰恰实现了人们最初希望发生的事情，即将"作恶的人"变成"不这样做符合他们利益的人"。赫希曼发现，一直在进行着一场有关人性这一概念的战争，几百年来，"人被普遍视为一个舞台，上演着理性与欲望之间惨烈而

141

---

* "The dismal science" 是英国 19 世纪作家托马斯·卡莱尔（Thomas Carlyle）送给经济学的诨名，也可译为"枯燥的经济学"。——译者注

无法预见的战斗，后来则是不同欲望之间的战斗"。①

　　揭示它的剧情，回顾有关人性的辩论，是《欲望与利益》一书的核心。在评估有关市场生活和行为的话语及论战时，赫希曼揭示了人们对人类的动机、欲望和利益有着同样的忧虑，为控制和疏导它们，使其成为有益于社会的追求，他们对语言的创造力有着同样的依赖。在赫希曼的讲述中，论证推动着论证前行，形成了一个"内生性过程"。他的总目标是"恢复对'资本主义精神'起源的奇迹感"。在马基雅维利试图记录"人的真实面目"之后的两百年里，作家们纠缠于如何思考赚钱行为，思考着如何重新看待自私之恶的方式。曼德维尔等人认为，通过"巧妙的管理"，奢侈品贸易和追求"私恶"可能对"公益"是件好事。采用这种方式，个人欲望看起来便不那么可怕了，通过改变语言，将个人欲望改称为利益，便可将它的含义纳入"公认的习惯"之中，最后变成自我满足的活动的一种有用的委婉说法。赫希曼研究的那些政治经济学家讨论了与市场生活联系在一起的不稳定性和冲突——使语义转化成为必然的各种担忧，个人欲望向利益的嬗变和资本主义经济理想的"凯旋"。这种高明的、意外的和缓慢发生的语言变化，能够为新的"发现"创造可能。将利益关入

142

① Hirschman, "Introductory Note,", in his *Essays in Trespassing: Economics to Politics and Beyond* (Cambridge and New York: Cambridge University Press, 1981), p.288.

笼中，加以驯化，便创造了一种历史意识，它使赚钱发财的受益人能够得到君主的善待。君主一方可以把只为自我利益的私人视为公共机构的潜在持股人，这个公共机构便是人所共知的现代国家，但它的前提是，统治者也要让自己服从自我约束的习惯，服从私人欲望受到的抑制。人们将变得更加易于统治，政府将变得更加尊重由千千万万次交易精巧编织而成的利益自治。

赫希曼把这种经济人和政治权力的相互依赖称为"温和得体的商业"论，他将它归功于孟德斯鸠。这种见解，即"温和得体的商业"这种说法，是资本主义历史上最具影响力的说法之一。

《欲望与利益》本身就是一种论证。赫希曼再次向那些认为自我是一架功利最大化机器的人发出挑战，但他拒绝社群主义者的怀旧病，他们认为这个世界已迷失在消费者的贪婪之中，为"爱财"大唱赞歌。赫希曼用古人话语的分光仪得出的见解是，这种话语旨在使人们讲规范，有公德，用自我利益和公共利益可以并存的方式做他们的"生意"。这是一种"和谐状态"，它既是现实主义的，又能给人带来希望。它是限制与自由之间精巧的平衡术，能够为"一个更加人性化的政体"效力。它也是一种拆解整体性自我的方式，以便使人成为一个更为复杂的整体，从而赋予自我一种人性与人道的统一性。

2013 年 6 月

索　引

图书在版编目(CIP)数据

欲望与利益/(美)艾伯特·O. 赫希曼著;冯克利
译. —上海:格致出版社:上海人民出版社,2022.11
ISBN 978 - 7 - 5432 - 3354 - 6

Ⅰ. ①欲… Ⅱ. ①艾… ②冯… Ⅲ. ①经济思想史-
研究-欧洲 Ⅳ. ①F095

中国版本图书馆 CIP 数据核字(2022)第 104990 号

责任编辑 程 倩
装帧设计 路 静

欲望与利益
［美］艾伯特·O. 赫希曼 著
冯克利 译

出   版 格致出版社
          上海人人出版社
          (201101 上海市闵行区号景路 159 弄 C 座)
发   行 上海人民出版社发行中心
印   刷 上海颛辉印刷厂有限公司
开   本 890×1240 1/32
印   张 6.25
插   页 5
字   数 111,000
版   次 2022 年 11 月第 1 版
印   次 2022 年 11 月第 1 次印刷
ISBN 978 - 7 - 5432 - 3354 - 6/F · 1442
定   价 49.00 元